Einführung in Outlook VBA

OUTLOOK PROGRAMMIEREN - SO EINFACH GEHT'S
MIT VIELEN CODE BEISPIELEN

Mailhilfe.de GmbH

I0490603

Einführung

Dieses Buch ist die perfekte Einführung, die Möglichkeiten von VBA (Visual Basic for Applications) in Microsoft Outlook kennenzulernen. Visual Basic for Applications (VBA) ist eine Programmiersprache, mit der Sie Makros und Anwendungen in Microsoft Office-Programmen wie Outlook, Excel und Word erstellen können.
Makros sind wie folgt definiert:
Ein Makro ist eine automatisierte Sequenz von Befehlen oder Anweisungen, die in der Regel dazu verwendet werden, um wiederkehrende Aufgaben in einer Anwendung oder einem Programm zu automatisieren. Makros können in verschiedenen Arten von Software erstellt werden, einschließlich Textverarbeitungsprogrammen, Tabellenkalkulationen und Grafikprogrammen.

Makros können entweder manuell programmiert oder mithilfe einer speziellen Makrosprache (VBA) aufgezeichnet werden, die die Interaktion mit der Anwendung aufzeichnet und in einer Wiederholung automatisiert. Wenn ein Makro ausgeführt wird, führt es alle in der Sequenz enthaltenen Befehle in der angegebenen Reihenfolge aus, was Zeit spart und die Effizienz verbessert.

Makros können auch verwendet werden, um komplexe Abläufe in Anwendungen zu vereinfachen und menschliche Fehler zu reduzieren, indem sie automatisch bestimmte Aktionen ausführen, z. B. das automatische Ausfüllen von Formularen oder das Sortieren von Daten in einer Tabelle

Mit Hilfe von VBA können Sie Aufgaben und Prozesse automatisieren und sparen damit Zeit und Aufwand!

Wir konzentrieren uns in diesem Buch auf Outlook. Microsoft Outlook ist ein E-Mail- und Kalenderprogramm, mit dem BenutzerInnen ihre E-Mails, Kontakte, Kalendereinträge und Aufgaben verwalten können. VBA ermöglicht in Outlook beispielsweise das automatische Sortieren von E-Mails in bestimmte Ordner, das Erstellen von Benachrichtigungen über bevorstehende Ereignisse oder das automatische Erstellen von E-Mail-Antworten auf bestimmte Nachrichten.

Dieses Buch wird Ihnen bei den ersten Schritten der VBA-Anwendung helfen. Schritt für Schritt erklären wir Ihnen wie Sie erstaunliche Dinge erreichen und Ihre Arbeit erheblich vereinfachen und automatisieren.

Alle vorgestellten Beispiele bzw. Codes können Sie unter diesen Link herunterladen und dann direkt in Outlook verwenden:

https://www.mailhilfe.de/Download/VBA-Skripte.zip

Let's have fun with it!

VBA programmieren lernen – Erste Schritte

Aller Anfang ist leicht!

Um mit VBA in Outlook zu beginnen, müssen Sie zunächst sicherstellen, dass die Entwicklertools in Outlook aktiviert sind. Dies kann in den Outlook-Optionen unter "Erweitert" eingestellt werden. Nach der Aktivierung der Entwicklertools können Sie den Visual Basic Editor öffnen und Ihre ersten Makros erstellen.

Da die Registerkarte "Entwicklertools" in Outlook standardmäßig nicht sichtbar ist folgen Sie diesen Schritten:

1. Öffnen Sie Outlook und klicken Sie auf die Registerkarte "Entwickler" im Menüband. Wenn die Registerkarte "Entwickler" nicht sichtbar ist, klicken Sie auf "Datei" > "Optionen" und wählen Sie dann "Menüband anpassen" aus. Aktivieren Sie dann die Registerkarte "Entwicklertools".

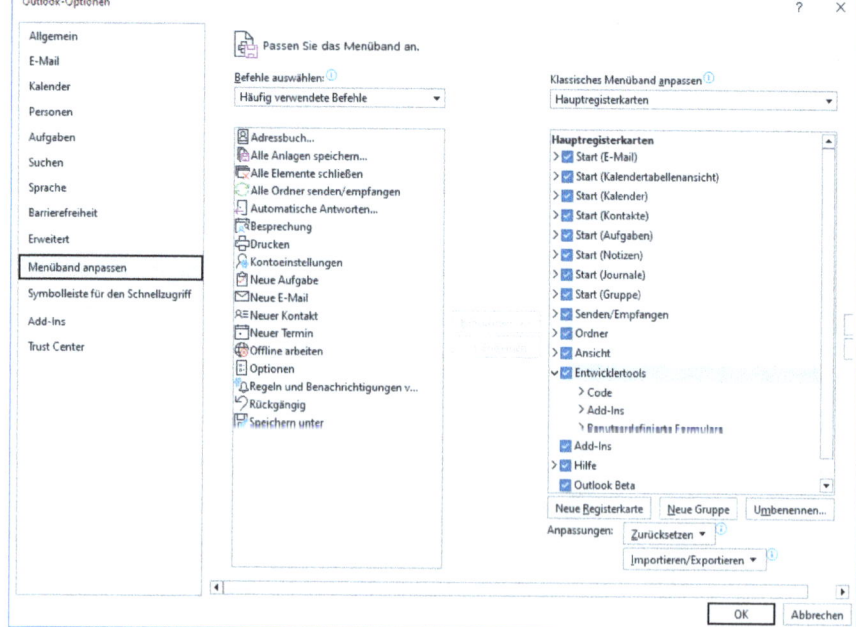

2. Klicken Sie auf "Visual Basic" im Entwickler-Menüband, um die Visual Basic-Editor-Anwendung zu öffnen.

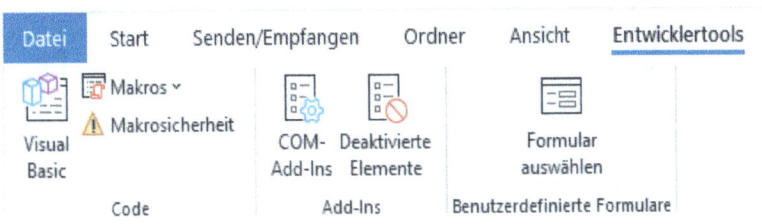

3. Erstellen Sie ein neues Makro oder öffnen Sie ein bestehendes Makro, indem Sie auf "Projekt" > "Projekt1" (standardmäßig) klicken und dann auf "Einfügen" > "Modul" klicken.

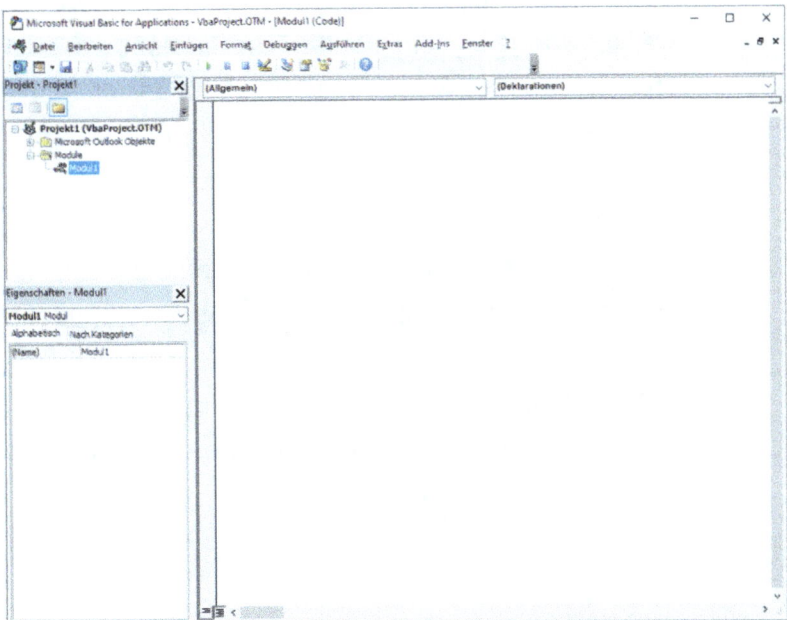

4. Geben Sie den VBA-Code (in den nächsten Kapiteln wird es dazu jede Menge Beispiele geben) in das Modulfenster ein

und speichern Sie das Makro, indem Sie auf "Datei" > "Speichern" klicken.

5. Führen Sie das Makro aus, indem Sie auf "Ausführen" > "Start" klicken, oder indem Sie die Tastenkombination "F5" drücken.

Einige der Funktionen, die auf der Registerkarte "Entwickler" verfügbar sind, umfassen:

- ✓ Visual Basic Editor: Eine integrierte Entwicklungsumgebung (IDE), mit der Sie VBA-Makros erstellen und bearbeiten können.
- ✓ Formulare: Werkzeuge zum Erstellen und Bearbeiten von Outlook-Formularen, mit denen benutzerdefinierte Ansichten und Eingabeaufforderungen in Outlook erstellt werden können. (siehe Kapitel Formulare)
- ✓ Steuerelemente: Werkzeuge zum Einfügen von ActiveX-Steuerelementen in Outlook-Formulare und Makros. (siehe Active X Kapitel)
- ✓ Objektmodell: Werkzeuge zum Untersuchen und Navigieren in der Objektmodellstruktur von Outlook, um die Eigenschaften und Methoden von Outlook-Objekten zu ermitteln.
- ✓ Sicherheit: Einstellungen und Werkzeuge zur Verwaltung der Sicherheit von Makros und Formularen in Outlook. (siehe Kapitel Grundvoraussetzungen)

Aufbau eines Outlook VBA Skriptes

Ein Outlook VBA-Skript besteht typischerweise aus verschiedenen Elementen, die je nach Anforderung variieren können. Hier ist ein Überblick über die wichtigsten Elemente, die in einem typischen VBA-Skript in Outlook enthalten sein können:

1. Sub-Prozedur oder Funktion: Eine Sub-Prozedur oder Funktion ist der Hauptteil des Skripts, in dem der eigentliche Code ausgeführt wird. Eine Sub-Prozedur wird verwendet, um eine Folge von Anweisungen auszuführen, ohne einen Wert zurückzugeben. Eine Funktion hingegen gibt normalerweise einen Wert zurück.

2. Ereignisprozedur: Eine Ereignisprozedur wird ausgeführt, wenn ein bestimmtes Ereignis eintritt, z.B. das Öffnen einer E-Mail, das Senden einer E-Mail, das Löschen einer E-Mail, usw. In der Ereignisprozedur (*siehe unten das Beispiel: If InStr(olMail.Subject, "Ihre Bestellung") > 0 Then   MsgBox "Eine Bestell-E-Mail wurde empfangen." – Wenn eine email den Betreff 'Ihre Bestellung' hat, ploppt das Fenster "Eine Bestell-E-Mail wurde empfangen." auf*) können Aktionen ausgeführt werden, die auf das Ereignis reagieren.

3. Es gibt zwei Arten von Kommentaren, die verwendet werden können:
   Einzeilige Kommentare: Diese werden mit einem Apostroph (') eingeleitet und können auf derselben Zeile wie der Code stehen oder auf einer separaten Zeile.

' Dies ist ein einzeiliger Kommentar

MsgBox "Hallo Welt!" ' Dies ist ein Kommentar auf derselben Zeile wie der Code

Mehrzeilige Kommentare: Diese werden zwischen den Zeilen /* und */ eingefügt und können über mehrere Zeilen hinweg verwendet werden.

```
/*
Dies ist ein mehrzeiliger Kommentar,
der über mehrere Zeilen hinweg geht.
Dieser Kommentar erklärt den Code darunter.
*/
MsgBox "Hallo Welt!"
```

Es ist wichtig zu beachten, dass Kommentare vom Computer ignoriert werden und keinen Einfluss auf den Code haben. Sie sind jedoch sehr nützlich, um den Code für andere Entwickler oder auch für sich selbst zu dokumentieren und zu erklären.

4. Variablen: Variablen sind Namen, die einem bestimmten Wert zugewiesen werden. Variablen können in einem Skript verwendet werden, um Daten während der Ausführung des Skripts zu speichern und zu manipulieren.
5. Bedingungen: Bedingungen werden verwendet, um bestimmte Aktionen basierend auf einer bestimmten Bedingung auszuführen. Bedingungen werden normalerweise in Form von If-Then-Anweisungen verwendet.
6. Schleifen: Schleifen werden verwendet, um eine Anweisung oder eine Gruppe von Anweisungen wiederholt auszuführen, bis eine bestimmte Bedingung erfüllt ist. Schleifen werden normalerweise in Form von For-Next-Schleifen oder Do-While-Schleifen verwendet.
7. Objekte: Objekte sind Elemente von Outlook, auf die zugegriffen werden kann, z.B. E-Mails, Kontakte, Kalender, usw. Jedes Objekt hat eine eindeutige Eigenschaft und

Methoden, die verwendet werden können, um es zu manipulieren.

Hier ist ein Beispiel für ein einfaches VBA-Skript in Outlook, das eine E-Mail öffnet und eine bestimmte Textzeichenfolge im Betreff sucht:

```
Sub CheckEmailSubject()


If Not Application.ActiveInspector Is Nothing Then
    Dim olMail As Outlook.MailItem
    Set olMail = Application.ActiveInspector.CurrentItem


    If InStr(olMail.Subject, "Ihre Bestellung") > 0 Then
        MsgBox "Eine Bestell-E-Mail wurde empfangen."
    End If


    Set olMail = Nothing
Else
    MsgBox "Es ist kein E-Mail-Fenster geöffnet."
End If



End Sub
```

Dieses Skript verwendet eine Ereignisprozedur, die ausgeführt wird, wenn der Benutzer eine E-Mail öffnet. Es verwendet auch die "InStr" -Funktion, um den Betreff der E-Mail nach einem bestimmten Text zu durchsuchen. Wenn der Text gefunden wird, wird eine Nachricht mit einer Bestätigung ausgegeben. Beachten Sie, dass dieses Skript lediglich ein Beispiel ist und je nach Anforderungen und Bedürfnissen angepasst werden muss, zumal dieses Skript nur Funktioniert wenn die entsprechende E-Mail geöffnet wurde.

Grundvoraussetzungen für die Erstellung von eigenen Makros

Wenn Sie ein Makro erstellen und Outlook mit den standardmäßigen Sicherheitseinstellungen ausführen, können Sie das Makro entweder überhaupt nicht ausführen, oder Sie werden immer zuerst dazu aufgefordert, sofern Sie nicht entweder die standardmäßigen Sicherheitseinstellungen manipulieren oder Ihren eigenen Code mit einem digitalen Zertifikat signieren.
Da es nicht sehr häufig vorkommt, dass Sie über ein eigenes digitales Zertifikat verfügen, werden Sie wahrscheinlich die Sicherheitseinstellungen des Makros auf eine niedrigere Stufe setzen, um das Makro ausführen zu können.
Dies ist nicht notwendig; Sie können Ihre eigenen Makros mit SelfCert.exe signieren, so dass Makros ausgeführt werden können, ohne Ihre Outlook-Sicherheitseinstellungen zu verringern.

SelfCert.exe suchen

SelfCert.exe ist die Anwendung mit dem Namen „Digitales Zertifikat für VBA-Projekte". Sie können die Anwendung durch einen Doppelklick auf SelfCert.exe an folgender Stelle öffnen;

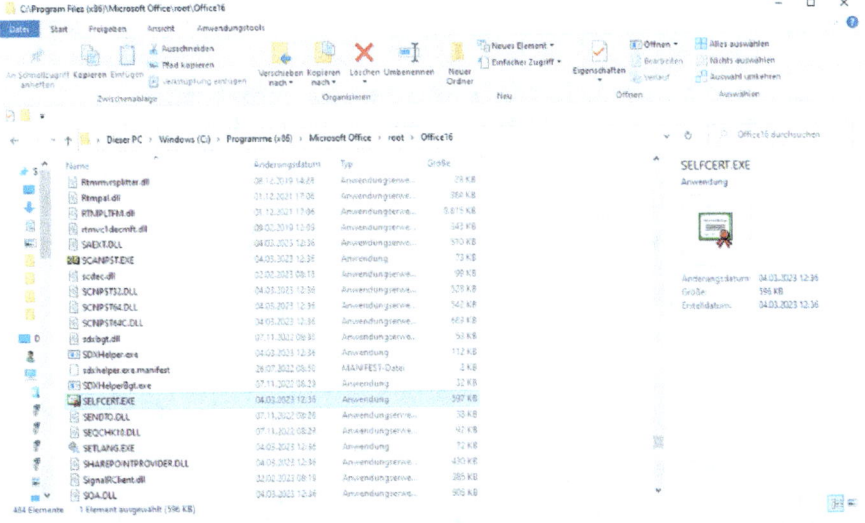

- Windows 32-Bit

  C:\Program Files\Microsoft Office\Office <Versionsnummer>

- Windows 64-Bit mit Office 32-Bit

  C:\Program Files(x86)\Microsoft Office\Office <Versionsnummer>

- Windows 64-Bit mit Office 64-Bit

  C:\Program Files\Microsoft Office\Office <Versionsnummer>

- Office 365 32-Bit (abonnementbasierte oder Click-to-Run-Version von Office 2016 / 2019 / 2021)

  C:\Program Files(x86)\Microsoft Office\root\Office16

- Office 365 64-Bit (abonnementbasierte oder Click-to-Run-Version von Office 2016 / 2019 / 2021)

  C:\Program Files\Microsoft Office\root\Office16

Wenn Sie noch Office 2007 oder Office 2010 verwenden, ist es auch im Startmenü unter verfügbar:

Microsoft Office-> Microsoft Office <Version> Werkzeuge->

Digitales Zertifikat für VBA-Projekte

Durch Eingabe von „vba" in das Suchfeld.

Digitales Zertifikat erstellen   ✕

Dieses Programm erstellt ein selbstsigniertes digitales Zertifikat mit dem unten eingegebenen Namen. Diese Zertifikatsart überprüft nicht Ihre Identität.

Ein selbst signiertes Zertifikat kann gefälscht sein. Benutzer, die ein Dokument öffnen, das ein Makroprojekt mit einem selbst signierten Zertifikat enthält, werden daher eine Warnung erhalten.

In Office können Sie einem selbstsignierten Zertifikat nur auf dem Computer vertrauen, auf dem es erstellt wurde.

Ein selbstsigniertes Zertifikat ist nur zur persönlichen Nutzung gedacht. Falls Sie ein authentifiziertes Code-signiertes Zertifikat für die Signierung gewerblicher oder weit verbreiteter Makros benötigen, müssen Sie mit einer Zertifizierungsstelle Kontakt aufnehmen.

Klicken Sie hier für eine Liste gewerblicher Zertifizierungsstellen

Ihr Zertifikatsname:

Mailhilfe

| OK | Abbrechen |

Signieren Sie Ihren Code

Zurück im VBA-Editor (ALT+F11), wo Sie das Makro erstellt haben, wählen Sie;
Werkzeuge (Extras)-> Digitale Signatur…
Sie werden sehen, dass das aktuelle VBA-Projekt noch nicht unterzeichnet ist. Drücken Sie die Schaltfläche Wählen und Sie erhalten einen Bildschirm zur Auswahl eines Zertifikats. Nun können Sie das soeben erstellte Zertifikat auswählen

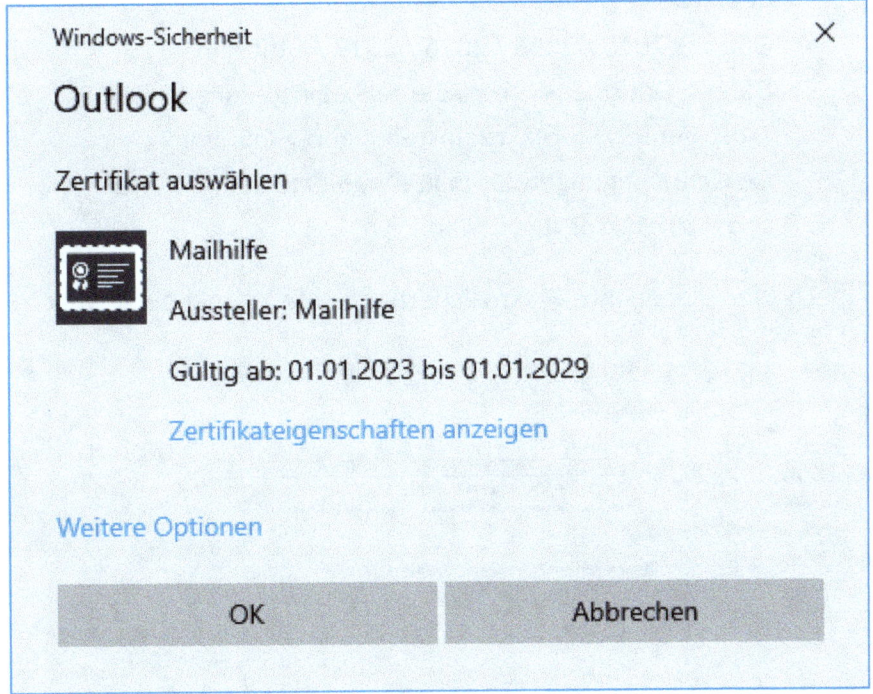

Bestätigen Sie dann den Vorhang mit „OK"

Überprüfen Sie Ihre Makrosicherheitsstufe

Zuerst überprüfen wir, ob Ihre Makrosicherheitsstufe noch korrekt eingestellt ist. Sie müssen dies im Hauptfenster von Outlook und nicht vom VBA-Editor-Fenster aus tun.

- Outlook 2007

  Tools-> Makro-> Sicherheit...-> Option: Warnungen für signierte Makros, alle nicht signierten Makros sind deaktiviert

- Outlook 2010 / 2013 / 2016 / 2019 / Office 365

  Datei-> Optionen-> Trust-Center-> Einstellungen für das Trust-Center...-> Makroeinstellungen-> Option: Benachrichtigungen für digital signierte Makros. Alle anderen Makros deaktiviert

Überprüfen Sie, ob Ihre Makrosicherheitsstufe korrekt eingestellt ist.

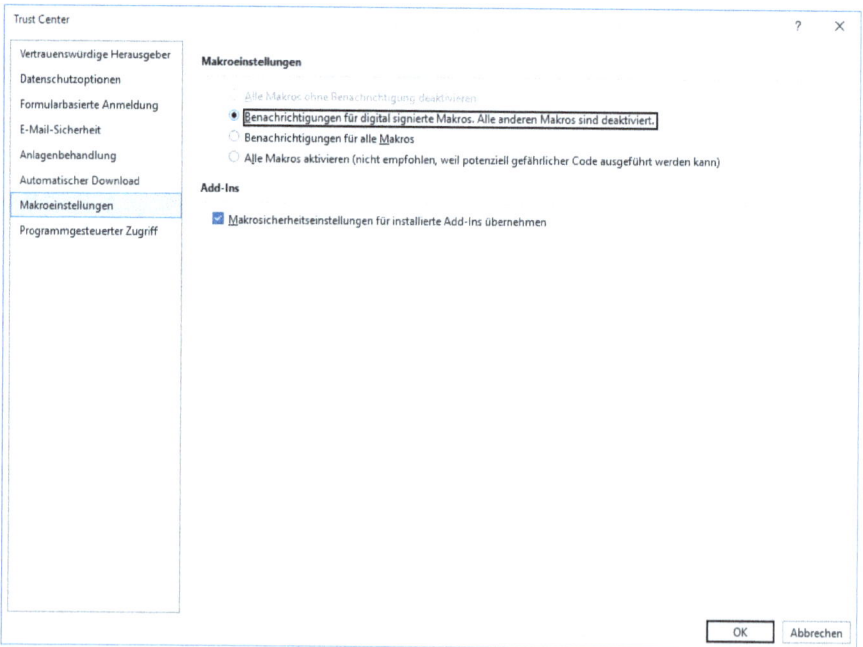

Wichtig!

Nachdem wir den Code signiert haben und überprüft haben, dass die Sicherheitseinstellungen korrekt eingestellt sind, müssen Sie Outlook schließen. Sie werden gefragt, ob Sie Änderungen an Ihrem VBA-Projekt speichern möchten. Wählen Sie „Ja". Sobald Outlook vollständig geschlossen ist, starten Sie es erneut.

ACHTUNG!

Outlook-VBA-Makros können nur auf dem lokalen Computer ausgeführt werden, auf dem sie erstellt wurden, und es kann Einschränkungen bei der Verwendung von VBA-Makros in Outlook geben, je nachdem, welche Sicherheitseinstellungen auf dem Computer verwendet werden.

Es existieren noch weitere Möglichkeiten, VBA-Code in Outlook zu verwenden. Eine davon ist die Verwendung von Add-Ins. Add-Ins sind Erweiterungen, die in Outlook installiert werden können, um zusätzliche Funktionen zur Verfügung zu stellen. Einige Add-Ins ermöglichen die Ausführung von VBA-Code, wenn bestimmte Ereignisse eintreten, z.B. wenn eine E-Mail empfangen wird. Eine weitere Möglichkeit ist die Verwendung von Outlook-Regeltools, um automatisch auf eingehende E-Mails zu reagieren, indem bestimmte Aktionen ausgeführt werden, wenn bestimmte Bedingungen erfüllt sind. Diese Aktionen können auch mit Hilfe von VBA-Code implementiert werden.

Ihr signiertes Makro zum ersten Mal ausführen

Alle Vorbereitungen sind nun abgeschlossen und Sie können das Makro auf eine der folgenden Arten ausführen;

- Führen Sie es direkt aus dem Visual Basic-Editor aus (Tastaturkürzel ALT+F11).
- Führen Sie es im Makro-Dialog aus (Tastaturkürzel (ALT+F8).
- Führen Sie es über eine Schaltfläche aus, die Sie für das Makro erstellt haben.

Da es das erste Mal ist, dass Sie das Zertifikat verwenden, werden Sie aufgefordert, was zu tun ist. Wählen Sie aus, dass Sie den Makros oder Dokumenten dieses Herausgebers immer vertrauen werden und Sie sind fertig! Jetzt werden Ihre eigenen Makros ohne lästige Sicherheitsabfragen ausgeführt, und Sie können Outlook mit Ihren Sicherheitseinstellungen immer noch auf hohem Niveau genießen

Arbeiten mit Makros - so starten Sie mit der Programmierung von Outlook

Aufzeichnung von Makros

Outlook hat keinen Makrorekorder, aber viele der in Word aufgezeichneten Makros können Sie auch in Outlook verwenden.

Der grundsätzliche Aufbau von Codes

Schritt 1: Erstellen eines neuen Moduls
Öffnen Sie Outlook und gehen Sie zum Visual Basic Editor, indem Sie ALT + F11 drücken. Klicken Sie auf "Einfügen" und wählen Sie "Modul". Dadurch wird ein neues Modul erstellt, in dem Sie Ihren VBA-Code schreiben können.
Schritt 2: Bestimmung der Variablen
Als nächstes müssen Sie die Variablen bestimmen und beschreiben, die Sie in Ihrem Code verwenden werden. Dies ist wichtig, da es Ihnen ermöglicht, den Speicherbedarf zu kontrollieren und sicherzustellen, dass die Variablen korrekt initialisiert werden.
Schritt 3: Erstellen von Subroutinen oder Funktionen
Erstellen Sie Subroutinen oder Funktionen, um spezifische Aufgaben auszuführen. Subroutinen sind Unterprogramme, die eine bestimmte Aktion ausführen, während Funktionen eine Berechnung durchführen und einen Wert zurückgeben. Verwenden Sie die Standardbibliotheken von Outlook, um Aktionen auszuführen, wie z.B. das Senden einer E-Mail oder das Speichern einer Aufgabe.
Schritt 4: Hinzufügen von Ereignishandlern

Sie können Ereignishandler hinzufügen, um auf bestimmte Ereignisse zu reagieren, z.B. das Öffnen einer E-Mail oder das Verändern des Status einer Aufgabe. Verwenden Sie die Standardbibliotheken von Outlook, um Ereignisse zu erkennen und auf sie zu reagieren.

Schritt 5: Fehlerbehandlung

Fügen Sie Fehlerbehandlungsroutinen hinzu, um sicherzustellen, dass Ihr Code bei Fehlern nicht abstürzt. Verwenden Sie try-catch-Blöcke oder On Error-Anweisungen, um Ausnahmen abzufangen und zu behandeln.

Schritt 6: Testen und Debuggen

Testen Sie Ihren Code, um sicherzustellen, dass er wie erwartet funktioniert. Verwenden Sie Debugging-Tools wie den Debugger und Überwachungsfenster, um Probleme zu identifizieren und zu beheben.

Hier ist ein Beispiel, das eine E-Mail mit einem bestimmten Betreff und Textinhalt erstellt und sendet:

```
Sub SendEmail()
    Dim oMail As Outlook.MailItem
    Set oMail = Application.CreateItem(olMailItem)
    oMail.Subject = "Beispiel Betreff"
    oMail.Body = "Dies ist der Textinhalt der E-Mail"
    oMail.To = "empfaenger@domain.com"
    oMail.Send
    Set oMail = Nothing
End Sub
```

Dieser Code erstellt eine neue E-Mail, fügt den Betreff und den Textinhalt hinzu und sendet sie dann an den Empfänger. Sie können diesen Code durch Ereignishandling oder durch die Einbindung von Schleifen oder Bedingungen erweitern, um ihn an Ihre spezifischen Anforderungen anzupassen.

Arbeiten mit geöffnetem oder ausgewähltem Element

In Outlook VBA wird zwischen geöffneten und markierten Elementen unterschieden.

Geöffnete Elemente sind solche, die gerade in einem eigenen Fenster geöffnet sind, z.B. eine E-Mail oder ein Termin. In diesem Zustand haben Sie vollen Zugriff auf alle Eigenschaften des Elements und können direkt Änderungen vornehmen.

Ausgewählte Elemente sind solche, die in einer Liste von Elementen markiert sind, z.B. eine Liste von E-Mails im Posteingang. In diesem Zustand können Sie ebenfalls auf die Eigenschaften des Elements zugreifen, aber Sie können keine direkten Änderungen vornehmen, ohne das Element zuerst zu öffnen.

Ein Beispiel für den Unterschied zwischen geöffneten und ausgewählten Elementen könnte wie folgt aussehen:

Angenommen, Sie haben ein VBA-Makro erstellt, das eine bestimmte Eigenschaft von E-Mails im Posteingang ändert. Wenn Sie eine E-Mail markieren und dann das Makro ausführen, wird die Eigenschaft der markierten E-Mail geändert. Wenn Sie jedoch eine E-Mail öffnen und dann das Makro ausführen, würde es die Eigenschaften der geöffneten E-Mail ändern. Um dies zu veranschaulichen, ist hier ein Beispielcode, der den Unterschied zwischen geöffneten und ausgewählten Elementen in Outlook VBA zeigt:

```vba
Sub ChangeSubject()
    Dim myItem As Object


    ' Prüfen, ob ein Element ausgewählt ist
    If Application.ActiveExplorer.Selection.Count = 0 Then
        MsgBox "Kein Element ausgewählt."
        Exit Sub
    End If


    ' Das erste ausgewählte Element auswählen
    Set myItem = Application.ActiveExplorer.Selection(1)


    ' Prüfen, ob es sich bei dem ausgewählten Element um eine E-Mail handelt
    If myItem.Class = olMail Then
        ' Prüfen, ob die E-Mail geöffnet ist
        If myItem.Displayed = True Then
            ' Die Betreffzeile der geöffneten E-Mail ändern
            myItem.Subject = "Neuer Betreff für geöffnete E-Mail"
        Else
            ' Die Betreffzeile der ausgewählten E-Mail ändern
            myItem.Subject = "Neuer Betreff für ausgewählte E-Mail"
        End If
    Else
        MsgBox "Das ausgewählte Element ist keine E-Mail."
        Exit Sub
    End If
End Sub
```

Dieses Makro prüft zunächst, ob ein Element ausgewählt wurde. Wenn nicht, wird eine Fehlermeldung angezeigt. Wenn ein Element ausgewählt wurde, wird das erste Element in der Auswahl ausgewählt. Wenn es sich um eine E-Mail handelt, wird geprüft, ob sie geöffnet ist oder nicht. Wenn sie geöffnet ist, wird die Betreffzeile der geöffneten E-Mail geändert, andernfalls wird die Betreffzeile der ausgewählten E-Mail geändert.

Arbeiten mit VBA und nicht standardisierten Outlook-Ordnern

In Outlook VBA können Sie auch mit nicht standardisierten Ordnern arbeiten, z. B. mit Ordnern, die vom Benutzer erstellt wurden, oder mit öffentlichen Ordnern. Hier ist ein Beispiel, wie man auf einen solchen Ordner zugreifen und mit ihm arbeiten kann:

Angenommen, ein Benutzer hat einen Ordner mit dem Namen "Kunden" angelegt, um darin E-Mails von Kunden abzulegen. Um auf diesen Ordner zuzugreifen, können Sie den Ordnerpfad angeben und dann den Ordner mit dem Befehl "GetFolderFromPath" öffnen. Anschließend können Sie durch die Elemente des Ordners iterieren und die gewünschten Operationen durchführen.
Hier ist ein Beispielcode, der die Anzahl der E-Mails im Kundenordner zählt und den Betreff jeder E-Mail in einer MsgBox ausgibt:

```vba
Sub CountCustomerEmails()
    Dim objNS As Outlook.Namespace
    Dim objFolder As Outlook.Folder
    Dim objItems As Outlook.Items
    Dim objMail As Outlook.MailItem
    Dim i As Integer
    Dim strFolderName As String

    ' Ordnerpfad des Kunden-Ordners
    strFolderName = "Mailbox - Username\Kunden"

    ' Outlook-Objekte erstellen
    Set objNS = Application.GetNamespace("MAPI")
    Set objFolder = objNS.GetFolderFromPath(strFolderName)
    Set objItems = objFolder.Items

    ' Anzahl der E-Mails im Ordner zählen
    For i = 1 To objItems.Count
        If objItems.Item(i).Class = olMail Then
            Set objMail = objItems.Item(i)
            MsgBox objMail.Subject
        End If
    Next i

    ' Speicher freigeben
    Set objMail = Nothing
    Set objItems = Nothing
    Set objFolder = Nothing
    Set objNS = Nothing
End Sub
```

Dieses Makro zählt die Anzahl der E-Mails im "Kunden"-Ordner und gibt den Betreff jeder E-Mail in einer MsgBox aus. Zunächst wird der Ordnerpfad angegeben und dann werden die Outlook-Objekte erstellt. Mit der Schleife wird durch jede E-Mail im Ordner iteriert und der Betreff jeder E-Mail in einer MsgBox ausgegeben.
Es ist wichtig zu beachten, dass der Ordnerpfad je nach Benutzer unterschiedlich sein kann. In diesem Beispiel wird der Ordnerpfad als "Mailbox - Username\Kunden" angegeben, wobei "Username" durch den tatsächlichen Benutzernamen ersetzt werden muss.

Eingebettete Makros

Eingebettete Makros sind Makros, die direkt in ein Outlook-Formular eingebettet sind, anstatt als separate Makrodatei gespeichert zu werden. Sie ermöglichen es, benutzerdefinierte Funktionen und Aktionen direkt in ein Formular zu integrieren, ohne dass der Benutzer auf ein separates Makro zugreifen muss. Eingebettete Makros können in verschiedenen Bereichen von Outlook verwendet werden, z. B. in E-Mail-Formularen, Kalenderformularen und Kontaktformularen. Einige Beispiele für die Verwendung von eingebetteten Makros sind:

- ✓ Ein-Klick-Aktionen: Eingebettete Makros können verwendet werden, um benutzerdefinierte Aktionen mit einem Klick auszuführen, z. B. das automatische Versenden von E-Mails oder das automatische Erstellen von Aufgaben.
- ✓ Validierung: Eingebettete Makros können verwendet werden, um die in ein Formular eingegebenen Daten vor dem Speichern zu validieren, wie z.B. die Überprüfung von E-Mail-Adressen oder die Überprüfung von Datumsangaben.
- ✓ Benutzerfreundlichkeit: Eingebettete Makros können verwendet werden, um die Benutzerfreundlichkeit eines Formulars zu verbessern, indem z.B. bestimmte Felder

automatisch ausgefüllt werden oder bestimmte Aktionen automatisch ausgeführt werden, wenn ein Formular geöffnet wird.

✓ Zusätzliche Funktionen: Eingebettete Makros können verwendet werden, um zusätzliche Funktionen in Outlook zur Verfügung zu stellen, die standardmäßig nicht verfügbar sind, wie z.B. die Möglichkeit, E-Mails an mehrere Empfänger gleichzeitig zu senden oder Kalendereinträge automatisch in andere Kalender zu übertragen.

Hier ein Beispiel für ein eingebettetes Makro.
Um das Entwicklertools-Menü in Outlook anzuzeigen, gehen Sie folgendermaßen vor:

1. Klicken Sie auf "Datei" in der oberen linken Ecke.
2. Klicken Sie auf "Optionen".
3. Klicken Sie auf "Menüband anpassen" im linken Bereich.
4. Wählen Sie im rechten Bereich "Entwicklertools" aus.
5. Klicken Sie auf "OK".

Nachdem Sie das Entwicklertools-Menü aktiviert haben, können Sie ein neues VBA-Modul erstellen und den Code für das eingebettete Makro schreiben. Hier ist ein Beispiel, das den Empfänger einer E-Mail ausliest und in einer MsgBox anzeigt:

1. Klicken Sie im Menüband auf "Entwicklertools".
2. Klicken Sie auf "Visual Basic", um den VBA-Editor zu öffnen.
3. Klicken Sie im VBA-Editor auf "Einfügen" und wählen Sie "Modul" aus.
4. Schreiben Sie den folgenden Code in das neue Modul:

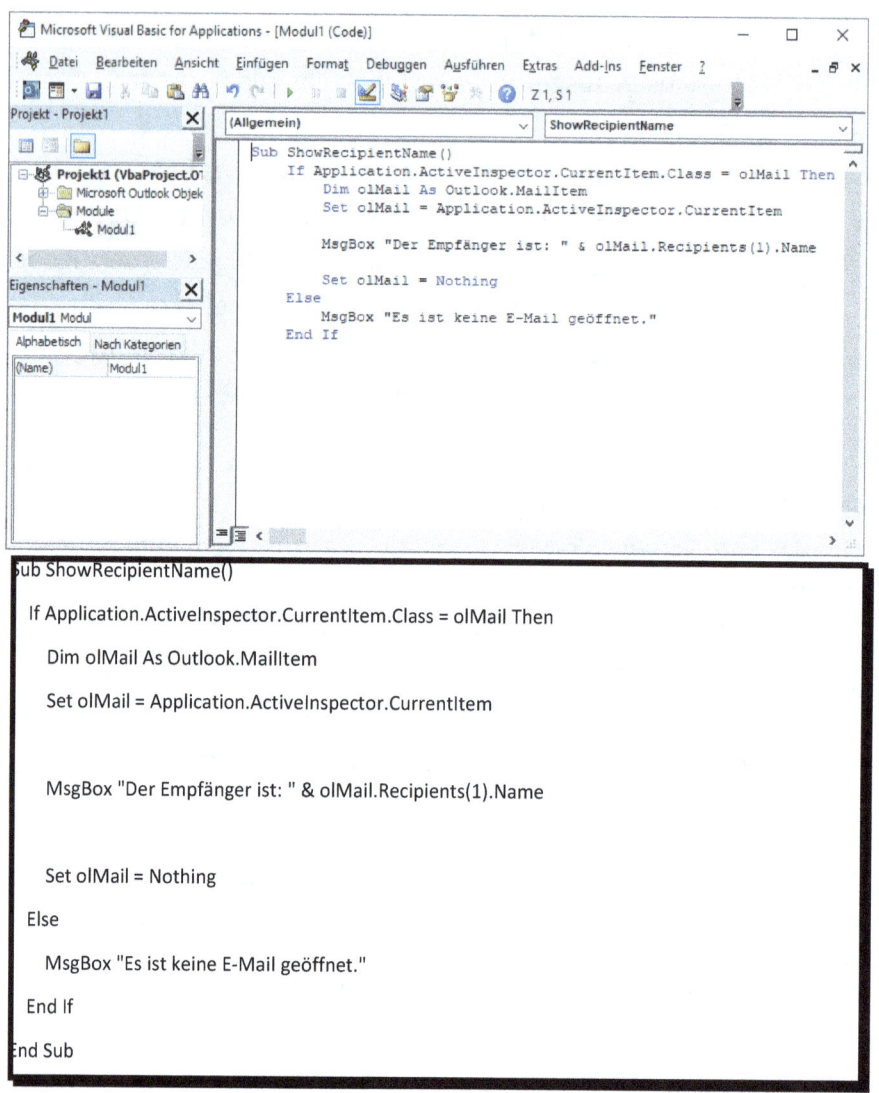

```
Sub ShowRecipientName()

    If Application.ActiveInspector.CurrentItem.Class = olMail Then

        Dim olMail As Outlook.MailItem

        Set olMail = Application.ActiveInspector.CurrentItem


        MsgBox "Der Empfänger ist: " & olMail.Recipients(1).Name


        Set olMail = Nothing

    Else

        MsgBox "Es ist keine E-Mail geöffnet."

    End If

End Sub
```

Dieses Makro liest den Empfängernamen der aktuell geöffneten E
Mail aus und zeigt ihn in einer MsgBox an. Es wird zuerst überprüft,
ob eine E-Mail geöffnet ist, indem geprüft wird, ob der Typ des
aktuellen Elements "olMail" ist. Wenn eine E-Mail geöffnet ist, wird
das restliche Skript ausgeführt und der Name des ersten
Empfängers angezeigt. Wenn keine E-Mail geöffnet ist, wird eine
entsprechende Fehlermeldung angezeigt.

5. Speichern Sie das Modul und schließen Sie den VBA-Editor.

6. Klicken Sie im Menüband auf "Entwicklertools" und dann auf "Makros -> Makros ".

7. Wählen Sie das Makro aus, das Sie erstellt haben, und klicken Sie auf "Ausführen".

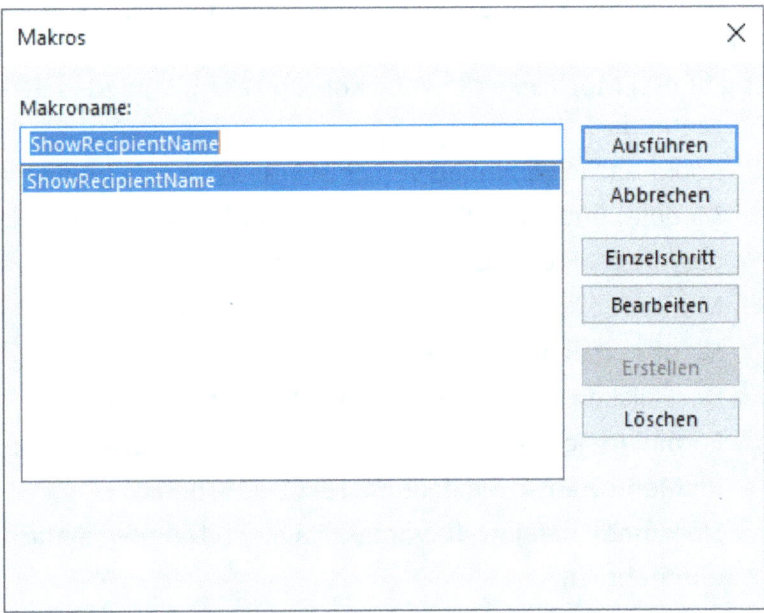

8. Das Makro wird ausgeführt und die NachrichtenBox wird angezeigt.

Bitte beachten Sie, dass einige Sicherheitseinstellungen in Outlook das Ausführen von Makros einschränken können. Stellen Sie sicher, dass Ihre Sicherheitseinstellungen das Ausführen von Makros erlauben, bevor Sie diese Funktion nutzen.

Wie Sie Ihre Outlook-VBA-Makros sichern und abrufen können

Wie können Sie nach dem Erstellen eines VBA-Makros in Outlook eine Sicherungskopie erstellen, eine Kopie speichern oder auf einen neuen Computer kopieren?

Es gibt drei Möglichkeiten, eine Kopie Ihrer Makros zu erstellen:

- Methode 1

  Kopieren Sie den Inhalt von ThisOutlookSession (und etwaige Module) und fügen Sie ihn in den Notizblock ein, wobei Sie das/die Makro/s als Textdatei speichern.

- Methode 2

  Sie öffnen den VBA-Editor.

  Dort klicken Sie die vorhandenen Projekte und auch die Formulare jeweils einzeln mit der rechten Maustaste an.

  Im Menü wählen Sie dann DATEI EXPORTIEREN.

  Sie können den jeweils vorgeschlagenen Dateityp einfach übernehmen.

  So können Sie selektiv Outlook-Makros exportieren und dann bei Bedarf auf dem gleichen Weg wieder importieren. Dafür öffnen Sie wiederum den Editor und wählen DATEI IMPORTIEREN.

- Methode 3

  Im Gegensatz zu anderen Microsoft Office-Programmen unterstützt Microsoft Outlook jeweils nur ein Visual Basic for Applications (VBA)-Projekt. VBA-Makros werden in einer Datei mit dem Namen VbaProject.OTM gespeichert. Diese Datei ist eine Produktspeicherdatei und nicht zur Verteilung gedacht. Outlook bietet keine direkte Möglichkeit zur Verwaltung von OTM-Dateien. Outlook-VBA-Code wurde nicht für die

Bereitstellung oder Verteilung konzipiert. Er wurde ausschließlich als persönliche Makro-Entwicklungsumgebung konzipiert.

Schließen Sie Outlook und suchen Sie die VBAProjekt-Datei. Kopieren Sie diese Datei, um ein Backup zu erstellen.

In Windows 7- 11 fügen Sie %appdata%\microsoft\outlook in die Adressleiste von Windows Explorer ein und drücken Sie die Eingabetaste, um zum Ordner C:\Benutzername\AppData\Roaming\Microsoft\Outlook zu springen, in dem sich VBAProject.OTM befindet. Kopieren Sie es, um ein Backup zu erstellen.

Wenn Sie ein neues Visual Basic for Applications-Projekt beginnen möchten, könnten Sie theoretisch alle Ihre vorhandenen Module und Formulare exportieren. Dies ist jedoch in der Regel kein realistischer Ansatz. Folgen Sie stattdessen diesen Schritten:

1. Beenden Sie Microsoft Outlook.
2. Suchen Sie Ihre Datei VbaProject.otm im angegebenen Pfad.
3. Benennen Sie die Datei in etwas für Sie Sinnvolles um, wie z.B. VbaProject-testing.otm.

Outlook			
Name ^	Änderungsdatum	Typ	Größe
Outlook.srs	05.03.2023 11:49	SRS-Datei	4 KB
Outlook.xml	05.03.2023 11:49	XML-Dokument	3 KB
VbaProject-testing.otm	28.02.2023 16:16	Outlook VBA-Proj...	64 KB
VbaProject2.OTM	19.01.2020 18:22	Outlook VBA-Proj...	64 KB
VbaProject3.OTM	22.01.2020 20:21	Outlook VBA-Proj...	32 KB

4. Starten Sie Microsoft Outlook neu.
5. Da Outlook eine vorhandene Projektdatei nicht finden kann, startet Visual Basic-Editor mit einem neuen Projekt. Wenn Sie

Änderungen an Ihrem Projekt speichern, erstellt Outlook eine neue Datei VbaProject.otm im Ordner.

Wenn Sie zwischen den Projekten wechseln möchten, fügen Sie einen weiteren Schritt zum vorherigen Verfahren hinzu:
1. Beenden Sie Microsoft Outlook.
2. Suchen Sie Ihre VbaProject.otm-Datei.
3. Benennen Sie die Datei in etwas für Sie Sinnvolles um, wie z.B. VbaProject-testing.otm.
4. Stellen Sie den Namen der Datei wieder her, die Sie nun als VbaProject.otm verwenden möchten.
5. Starten Sie Microsoft Outlook neu.
6. Wenn Sie ein VBA-Projekt von einem Computer auf einen anderen verschieben möchten, stellen Sie zunächst fest, wo Outlook die VbaProject.otm-Dateien auf den einzelnen Computern speichert. Kopieren Sie dann die OTM-Datei von einem Computer auf den anderen und stellen Sie sicher, dass sie in den richtigen Ordner abgelegt wird. Wenn Sie Outlook neu starten, findet das Programm die Datei VbaProject.otm und verwendet sie.

Welche Methode ist besser? Das hängt wirklich von Ihren Bedürfnissen ab. Das Kopieren der VBAProject.OTM-Datei stellt sicher, dass Sie alles im Projekt haben und es in den Outlook-Ordner ablegen können, um die Makros wiederherzustellen. Das Kopieren des Codes in eine Textdatei kann einfacher sein, um ihn mit anderen zu teilen oder um einige Makros auf einen anderen Computer zu kopieren, auf dem bereits Outlook-Makros verwendet werden.

Hinweis: Wenn Sie eine Lösung entwickeln, die Sie an mehr als nur einige Personen verteilen möchten, sollten Sie Ihren VBA-Code in ein Outlook COM- oder VSTO-Add-In oder ein Office-Add-In für Outlook konvertieren. Die Entwicklung eines Add-Ins erfordert jedoch in der Regel wesentlich mehr Programmierkenntnisse als die Erstellung eines kurzen Makros. Wenn Ihr VBA-Projekt relativ einfach ist und nicht allzu viele Leute es benutzen müssen, sollten Sie den Code zusammen mit Anweisungen zur Einrichtung verteilen.

Unterprogrammtechniken in Outlook VBA

Unterprogramme in Outlook VBA sind eine Methode, um Code in kleine, wiederverwendbare Abschnitte zu unterteilen, die spezifische Aufgaben erfüllen. Dies kann die Lesbarkeit des Codes erhöhen und die Wartbarkeit erleichtern. Es gibt zwei Haupttypen von Unterprogrammen in Outlook VBA: Prozeduren und Funktionen.

Prozeduren sind Unterprogramme, die eine bestimmte Aufgabe ausführen, aber keinen Wert zurückgeben. Ein Beispiel dafür könnte eine Prozedur sein, die E-Mails automatisch in einen Ordner verschiebt. Der Code könnte wie folgt aussehen:

```vba
Sub MoveEmails()

Dim objNameSpace As Outlook.NameSpace

Dim objInbox As Outlook.MAPIFolder

Dim objDestinationFolder As Outlook.MAPIFolder

Dim objMail As Outlook.MailItem

Set objNameSpace = Application.GetNamespace("MAPI")

Set objInbox = objNameSpace.GetDefaultFolder(olFolderInbox)

Set objDestinationFolder = objNameSpace.Folders("Archive").Folders("Emails")


For Each objMail In objInbox.Items

    objMail.Move objDestinationFolder

Next objMail

End Sub
```

In diesem Beispiel wird zunächst ein Namespace-Objekt erstellt, um auf die Outlook-Postfächer zugreifen zu können. Dann wird das Postfach "Eingang" und der Zielordner "Archive/Emails" abgerufen. Schließlich wird eine Schleife durch die E-Mails im Postfach "Posteingang" durchgeführt und jede E-Mail in den Zielordner verschoben.

Ein weiteres Beispiel dafür könnte eine Funktion sein, die die Anzahl der E-Mails in einem bestimmten Ordner zählt. Der Code könnte wie folgt aussehen:

```
Sub CountEmailsInFolder()

    Dim myNameSpace As Outlook.NameSpace

    Dim myFolder As Outlook.MAPIFolder

    Dim myItems As Outlook.Items

    Dim count As Integer


    Set myNameSpace = Application.GetNamespace("MAPI")

    Set myFolder = myNameSpace.GetDefaultFolder(olFolderInbox)

    Set myItems = myFolder.Items

    count = myItems.Count


    MsgBox "Anzahl der E-Mails im Ordner: " & count

End Sub
```

Das Skript beginnt mit der Deklaration der Variablen myNameSpace, myFolder, myItems und count. myNameSpace ist ein Outlook-Objekt, das auf den MAPI-Namensraum verweist, in dem die Ordnerstruktur von Outlook gespeichert ist. myFolder ist ein Outlook-Objekt, das auf den aktuellen Ordner verweist. myItems ist ein Outlook-Objekt, das auf die Elemente im aktuellen Ordner verweist. count ist eine Integer-Variable, die später die Anzahl der E-Mails im Ordner speichert.

Im nächsten Schritt wird myNameSpace auf den MAPI-Namensraum gesetzt und myFolder auf den Standardordner "Posteingang" gesetzt. Dann wird myItems auf die Elemente im aktuellen Ordner gesetzt.

Die Anzahl der E-Mails im Ordner wird dann mithilfe der Eigenschaft Count von myItems bestimmt und in die Variable count gespeichert. Zuletzt wird eine Meldung angezeigt, die die Anzahl der E-Mails im Ordner anzeigt.

Effektiven Code erstellen

Effektiver Code ist Code, der leicht zu lesen, zu verstehen und zu warten ist, der effizient ausgeführt wird und der gut strukturiert und organisiert ist.

Hier sind einige Tipps, um effektiven Code zu schreiben:

- ✓ Verwenden Sie aussagekräftige Namen für Variablen und Prozeduren. Vermeiden Sie die Verwendung von Abkürzungen oder Codenamen, die nicht offensichtlich sind.
- ✓ Verwenden Sie Kommentare, um Ihren Code zu erklären und zu dokumentieren. Dies erleichtert es anderen Entwicklern, Ihren Code zu lesen und zu verstehen.
- ✓ Vermeiden Sie unnötige Schleifen oder bedingte Anweisungen, die den Code verlangsamen und die Lesbarkeit beeinträchtigen.
- ✓ Versuchen Sie, Codeblöcke in logische Abschnitte zu unterteilen und diese in separate Prozeduren auszulagern, um Wiederholungen zu vermeiden und die Lesbarkeit und Wartbarkeit zu erhöhen.
- ✓ Verwenden Sie, wenn möglich, die integrierten Funktionen und Methoden von Outlook, anstatt den Code selbst zu schreiben, um Zeit und Ressourcen zu sparen.

Testen und debuggen Sie Ihren Code gründlich, um sicherzustellen, dass er wie erwartet funktioniert, und um potenzielle Fehler frühzeitig zu erkennen und zu beheben.

Die Verwendung von Fehlerbehandlung ist ein weiterer wichtiger Aspekt bei der Erstellung von effizientem Code. Die Fehlerbehandlung ermöglicht es Ihnen, potenzielle Probleme im Code zu erkennen und zu behandeln, bevor sie zu größeren Problemen führen. Es ist wichtig, die "On Error"-Anweisung und die "Err"-Struktur in Ihrem Code zu verwenden, um Fehler abzufangen und entsprechende Aktionen auszuführen.

Ein weiterer wichtiger Aspekt ist die Optimierung des Codes, um die Leistung und die Ausführungszeit zu verbessern. Dies kann erreicht werden, indem unnötige Schleifen oder bedingte Anweisungen vermieden werden, die Größe von Arrays minimiert wird, die Anzahl der Prozeduraufrufe reduziert wird und die Verwendung von globalen Variablen minimiert wird.

Der Code muss auch regelmäßig gewartet und überprüft werden, um sicherzustellen, dass er auf dem neuesten Stand ist und den aktuellen Anforderungen entspricht. Dies kann durch die Aktualisierung der Dokumentation und die regelmäßige Überprüfung des Codes erreicht werden, um sicherzustellen, dass er ordnungsgemäß funktioniert und um potenzielle Fehler frühzeitig zu erkennen und zu beheben. Es ist auch wichtig, Anpassungen und Änderungen am Code zu dokumentieren, um sicherzustellen, dass die Historie des Codes verfolgt werden kann und um die Wartbarkeit zu erhöhen.

Arbeiten mit dem Outlook-Objektmodell

Nachdem wir gelernt haben, wie Makros funktionieren steigen wir jetzt in die Outlook Objektmodelle ein.

Das Outlook Objektmodell wird über die Microsoft Visual Basic for Applications (VBA) programmiert. Um Zugang zum Outlook Objektmodell zu erhalten, müssen Sie VBA
in Outlook aktivieren (haben wir bereits gemacht - Optionen >"Erweitert" > "Entwicklertools").

Das Outlook Objektmodell wird wie folgt erstellt. Dazu müssen ein paar Schritte befolgt werden:

1.   Aktivieren Sie das Objektmodell: Sie müssen sicherstellen, dass die Option "Arbeiten mit dem Outlook-Objektmodell" aktiviert ist, bevor Sie mit dem Outlook-Objektmodell arbeiten können. Dies kann über die "Optionen" des Outlook-Programms eingestellt werden.

2.   Öffnen Sie Microsoft Visual Basic for Applications (VBA): Öffnen Sie Microsoft Outlook und starten Sie dann Visual Basic for Applications (VBA) über die Registerkarte "Entwicklertools" in Outlook.

3.   Erstellen Sie ein neues Projekt: Klicken Sie in Visual Basic for Applications (VBA) auf die Schaltfläche "Projekt erstellen" und wählen Sie "Outlook-VBA-Projekt".

4.   Referenzieren des Outlook-Objektmodells: Bevor Sie mit dem Schreiben von Code beginnen können, müssen Sie das Outlook-Objektmodell referenzieren. Dies kann über die Option "Verweise" im Menü "Extras" erreicht werden. Wählen Sie dort das Outlook-Objektmodell aus und aktivieren Sie es.

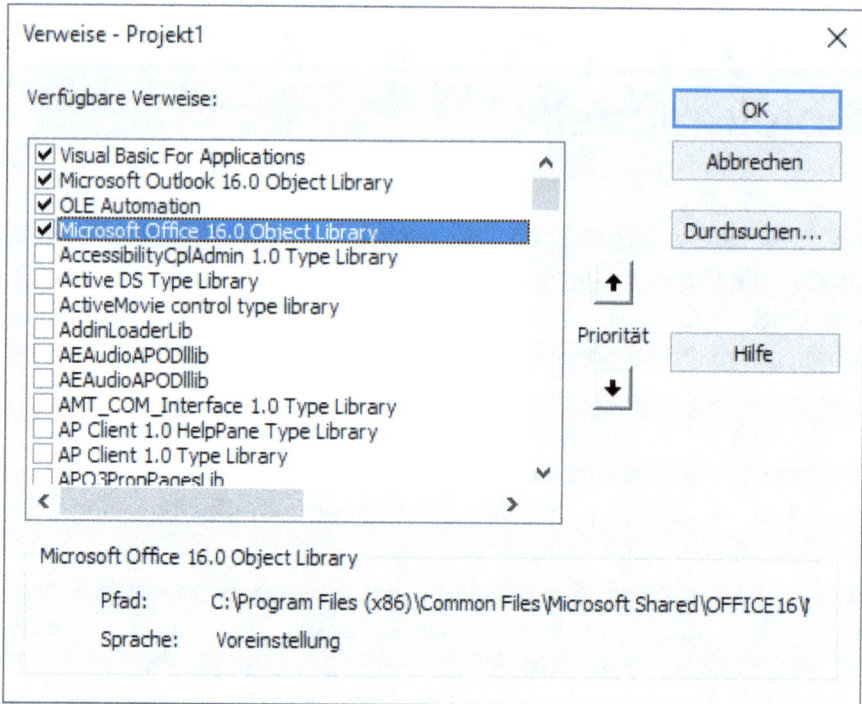

5. Schreiben des Codes: Sie können jetzt mit dem Schreiben von Code beginnen, indem Sie den Code in eine neue Prozedur oder Funktion schreiben. (HINWEIS: den Aufbau von Codes besprechen wir im nächsten Kapitel) Verwenden Sie die Bibliothek des Outlook-Objektmodells, um auf die verschiedenen Funktionalitäten von Outlook zuzugreifen.

6. Testen des Codes: Sobald Sie Ihren Code geschrieben haben, können Sie ihn testen, indem Sie ihn ausführen. Sie können eine Schaltfläche hinzufügen, um den Code auszuführen, oder Sie können ihn direkt aus Visual Basic for Applications (VBA) ausführen.

7. Speichern und Veröffentlichen des Projekts: Nach dem Testen sollten Sie Ihr Projekt speichern und veröffentlichen, um es in Outlook zu verwenden.

Mit diesen Schritten können Sie mit dem Outlook-Objektmodell arbeiten und automatisierte Aufgaben in Outlook erstellen. Es ist jedoch wichtig, sich die verschiedenen Methoden und Eigenschaften des Outlook-Objektmodells gründlich anzusehen, um effektiv damit arbeiten zu können.

Erstellung von Kalendereinträgen auf der Basis des Betreffs

Ein Beispiel für die automatische Erstellung von Kalendereinträgen auf der Basis des Betreffs von E-Mail-Nachrichten; dazu müsste man auf das "AppointmentItem"-Objekt zugreifen, um einen neuen Kalendereintrag zu erstellen, und dann die "Betreff"-Eigenschaft des E-Mail-Objekts verwenden, um den Betreff des E-Mail-Objekts als Betreff des Kalendereintrags zu verwenden.

Darüber hinaus gibt es viele Werkzeuge und Techniken, die Sie verwenden können, um das Outlook-Objektmodell zu erkunden und zu verstehen. Der Visual Basic-Editor in Outlook enthält eine "Object Browser"-Funktion, mit der Sie die verschiedenen Objekte und Methoden im Outlook-Objektmodell durchsuchen und Informationen darüber anzeigen können. Es gibt auch viele Beispielmakros und Codeschnipsel online, die Sie verwenden können, um bestimmte Aufgaben in Outlook mit VBA schnell und einfach auszuführen.

Ein wichtiger Aspekt bei der Arbeit mit dem Outlook-Objektmodell ist auch die Vermeidung und Behandlung von Fehlern. Wenn Sie mit VBA in Outlook arbeiten, kann es vorkommen, dass Sie auf Fehler stoßen, die durch die falsche Verwendung einer Methode oder Eigenschaft des Objekts oder durch das Nichtvorhandensein des Objekts verursacht werden. Es ist wichtig, sich mit den verschiedenen Fehlertypen vertraut zu machen und zu lernen, wie man sie behandelt und vermeidet.

Beispiel für einen Code zum Thema Kalendereintrag

```vba
Sub CreateAppointment()

' Zugriff auf den Outlook-Objektkatalog
Dim objOutlook As Outlook.Application
Set objOutlook = CreateObject("Outlook.Application")

' Erstellen eines neuen AppointmentItem-Objekts
Dim objAppointment As Outlook.AppointmentItem
Set objAppointment = objOutlook.CreateItem(olAppointmentItem)

' Setzen der Eigenschaften des Termins
objAppointment.Subject = "Besprechung mit Team"
objAppointment.Location = "Konferenzraum 1"
objAppointment.Start = #12/1/2022 9:00:00 AM#
objAppointment.End = #12/1/2022 11:00:00 AM#
objAppointment.Body = "Besprechung mit dem Team, um den Fortschritt des Projekts zu besprechen."

' Hinzufügen von Teilnehmern
Dim objRecipients As Outlook.Recipients
Set objRecipients = objAppointment.Recipients
objRecipients.Add ("erika@beispiel.com")
objRecipients.Add ("herbert@beispiel.com")

' Anzeigen und Speichern des Termins
objAppointment.Display
objAppointment.Save

End Sub
```

Dieser Code erstellt ein neues Outlook.AppointmentItem-Objekt und speichert es in der Variablen "objAppointment". Mit den verschiedenen Eigenschaften des Objekts, wie Subject, Location, Start und End, können die Details des Termins festgelegt werden. Mit der Eigenschaft ReminderSet wird eine Erinnerung für den Termin aktiviert und mit ReminderMinutesBeforeStart wird die Zeit vor Beginn des Termins festgelegt, zu der die Erinnerung angezeigt werden soll. Mit der Save-Methode wird der Termin schließlich in Outlook gespeichert.

Der Entwickler kann auch auf das Outlook-Recipient-Objekt zugreifen, um die Empfänger eines Termins hinzuzufügen, und auf das Outlook-Folder-Objekt, um den Speicherort des Termins festzulegen. Der Entwickler kann sogar die Erstellung von Terminserien automatisieren, indem er Schleifen verwendet, um mehrere Termine mit unterschiedlichen Daten und Uhrzeiten zu erstellen.

Das Objektverzeichnis ist ein unverzichtbares Werkzeug für Entwickler, die mit VBA und Outlook arbeiten, da es einen schnellen und einfachen Zugriff auf die Outlook-Funktionalität ermöglicht und so Zeit und Mühe bei der Entwicklung von Makros und Anwendungen spart.

Verarbeiten von E-Mails mit VBA in Outlook

Mit VBA können Benutzer Aufgaben in Outlook automatisieren, wie z. B. das Sortieren von E-Mails in bestimmte Ordner, das Erstellen von Benachrichtigungen für bevorstehende Ereignisse und das automatische Erstellen von E-Mail-Antworten auf bestimmte Nachrichten.

Eine Beispielanwendung für die Verarbeitung von E-Mails mit VBA in Outlook wäre die Erstellung eines Makros, das E-Mails mit einem bestimmten Absender oder Betreff automatisch in einen bestimmten Ordner verschiebt. Dazu müsste man die Nachrichten durchsehen, die Eigenschaft "SenderEmailAddress" oder "Subject" überprüfen und dann die Methode "Move" auf das MailItem-Objekt anwenden, um die Nachricht in den gewünschten Ordner zu verschieben.

Ein weiteres Beispiel wäre die Erstellung eines Makros, das automatisch Kalendereinträge erstellt, wenn eine E-Mail-Nachricht mit bestimmten Wörtern im Betreff eingeht. Dazu müsste man das MailItem-Objekt durchlaufen, die Eigenschaft "Subject" überprüfen und dann das AppointmentItem-Objekt verwenden, um einen neuen Kalendereintrag zu erstellen und die Details der E-Mail-Nachricht in den Eintrag zu übertragen.

Sie können auch automatische Antworten auf bestimmte E-Mails erstellen, indem Sie die MailItem-Objekte durchlaufen, bestimmte Eigenschaften überprüfen und dann die Reply-Methode verwenden, um eine automatische Antwort zu senden.

Es ist auch möglich, E-Mails automatisch zu löschen, indem MailItem-Objekte durchsucht, bestimmte Eigenschaften überprüft und die E-Mail dann mit der Delete-Methode gelöscht wird.

Es gibt viele Möglichkeiten, E-Mails mit VBA in Outlook zu verarbeiten, von einfachen Aufgaben wie dem automatischen Verschieben von E-Mails bis hin zu komplexeren Aufgaben wie dem automatischen Erstellen von Kalendereinträgen oder dem Senden von E-Mails an bestimmte Empfänger. Eine weitere Möglichkeit besteht darin, E-Mails automatisch an bestimmte Empfänger weiterzuleiten, indem die MailItem-Objekte durchlaufen, bestimmte Eigenschaften überprüft und die E-Mail dann mit der Forward-Methode weitergeleitet wird.

Ebenso ist es möglich, E-Mails automatisch als gelesen zu markieren, indem die MailItem-Objekte durchlaufen, bestimmte Eigenschaften überprüft und dann die UnRead-Eigenschaft auf "False" gesetzt wird.

Es ist auch wichtig sicherzustellen, dass die automatisierten Aufgaben, die Sie erstellen, den Geschäftsprozessen und Anforderungen entsprechen und nicht gegen geltende Gesetze und Richtlinien verstoßen. Es ist auch wichtig, die Auswirkungen der automatisierten Aufgaben auf die Datensicherheit und den Datenschutz zu berücksichtigen.

Beispiel für das automatische Erstellen eines Kalendereintrags aus einer E-Mail

Dieses Skript verwendet das Objekt olAppointmentItem, um einen neuen Termin in Outlook zu erstellen, und durchläuft dann jede E-Mail im Posteingang, die "Meeting" im Betreff hat. Wenn eine E-Mail gefunden wird, wird ein neuer Termin erstellt, der 30 Minuten später als der Zeitpunkt des Eingangs beginnt und eine Stunde dauert. Der Betreff und die Lage des Termins werden dann aus der E-Mail übernommen, bevor der Termin gespeichert wird.

```vba
Sub CreateAppointment()

Dim myAppointment As Object 'Verwenden Sie das allgemeine Objekt

Dim myItem As Object

Dim myInbox As Outlook.Folder

Dim myNamespace As Outlook.NameSpace

Set myNamespace = Application.GetNamespace("MAPI")

Set myInbox = myNamespace.GetDefaultFolder(olFolderInbox)


For Each myItem In myInbox.Items

  If myItem.Class = olMail And myItem.Subject Like "Meeting*" Then 'Nur E-Mails überprüfen, die
"Meeting" im Betreff haben

    Set myAppointment = myInbox.Items.Add(olAppointmentItem) 'Verwenden Sie das Items-Objekt
und fügen Sie ein olAppointmentItem hinzu

    With myAppointment

      .Start = DateAdd("n", 30, myItem.ReceivedTime) 'Das Datum um 30 Minuten verschieben

      .Duration = 60

      .Subject = myItem.Subject

      .Location = "Konferenzraum"

      .Save 'Den Termin speichern

    End With

  End If

Next myItem


'Aufräumen

Set myAppointment = Nothing

Set myItem = Nothing

Set myInbox = Nothing

Set myNamespace = Nothing

End Sub
```

Verwendung von Nachrichtenfenster, Eingabefeldern und Dialogfeldern

Bei der VBA-Programmierung in Outlook können Sie Nachrichtenfenster, Eingabefelder und Dialogfelder verwenden, um mit dem Benutzer zu interagieren und Informationen zu sammeln. Nachrichtenfenster (MsgBox) sind eine einfache Möglichkeit, dem Benutzer eine Nachricht anzuzeigen und eine Antwort anzufordern. Sie können Nachrichtenfenster verwenden, um Benachrichtigungen anzuzeigen, den Benutzer über bestimmte Ereignisse zu informieren oder eine Bestätigung vom Benutzer zu erhalten.

Beispiele: Nachrichtenbox, Eingabefeld, Dialogfelder

1. Nachrichtenbox

```
response = MsgBox("Möchten Sie fortfahren?", vbYesNo)
If response = vbYes Then
   ' Mit der Aufgabe fortfahren
Else
   'Abbrechen der Aufgabe
End If
```

Eingabefelder (InputBox) ermöglichen es dem Benutzer, Daten einzugeben, die von Ihrem Makro verwendet werden können.
2. Eingabefeld

```
name = InputBox("Wie ist Ihr Name?")
```
   3. Dialogfelder

Dialogfelder (FileDialog, ColorDialog, etc.) ermöglichen es dem Benutzer, bestimmte Einstellungen oder Dateien auszuwählen.

```
Set fd = Application.FileDialog(msoFileDialogOpen)
If fd.Show = True Then
   'Der Benutzer hat eine Datei ausgewählt und auf OK geklickt
   selectedFile = fd.SelectedItems(1)
End If
```

Die Verwendung von Nachrichtenfenster, Eingabefeldern und Dialogfeldern erhöht zwar die Benutzerfreundlichkeit und Interaktivität Ihrer Makros, es ist jedoch wichtig sicherzustellen, dass die angezeigten Meldungen und angeforderten Daten klar und relevant sind, um eine bessere Benutzererfahrung zu gewährleisten.

Outlook VBA und Formulare

Outlook VBA bietet die Möglichkeit, Formulare zu erstellen und zu verwenden, um die Interaktion mit dem Programm zu erleichtern und die Benutzerfreundlichkeit zu erhöhen. Es gibt verschiedene Arten von Formularen, die in Outlook verwendet werden können, z. B. Kontaktformulare, Aufgabenformulare, Kalenderformulare und E-Mail-Formulare.

Formulare in Outlook werden mit dem Outlook-Formular-Editor erstellt. Dieser ermöglicht das Hinzufügen und Formatieren von Formularelementen wie Textfeldern, Auswahllisten, Schaltflächen und Kontrollkästchen. Mit VBA können Sie dann die Formulare automatisieren und die Eingabe- und Ausgabewerte steuern.

Ein Beispiel für die Verwendung von Formularen in Outlook mit VBA ist die Erstellung eines Kontaktformulars, das automatisch ausgefüllt wird, wenn eine neue E-Mail von einer bestimmten Person eingeht. Dies kann durch die Verwendung eines VBA-Makros erreicht werden, das auf eingehende E-Mails reagiert und das Kontaktformular automatisch ausfüllt, indem es die Informationen aus der E-Mail extrahiert und in die entsprechenden Felder des Formulars einfügt.

Außerdem ist es möglich, benutzerdefinierte Outlook-Formulare zu erstellen und zu verwenden, die speziellen Funktionen und Steuerelemente enthalten, die nicht in den Standardformularen enthalten sind. Dies erfordert jedoch fortgeschrittene Kenntnisse in VBA und in der Formularerstellung.

In Outlook können Sie Formulare über die Registerkarte Entwickler erstellen. Hier sind die Schritte, um ein neues Formular zu erstellen:

1. Öffnen Sie Outlook und wechseln Sie zur Registerkarte "Entwicklertools".
2. Klicken Sie auf "Formular auswählen" .

4. Wählen Sie das Formular aus, auf dem das neue Formular basieren soll. Sie können zwischen einem Kontaktformular, einem Aufgabenformular, einem Kalenderformular und einem Mailformular wählen.

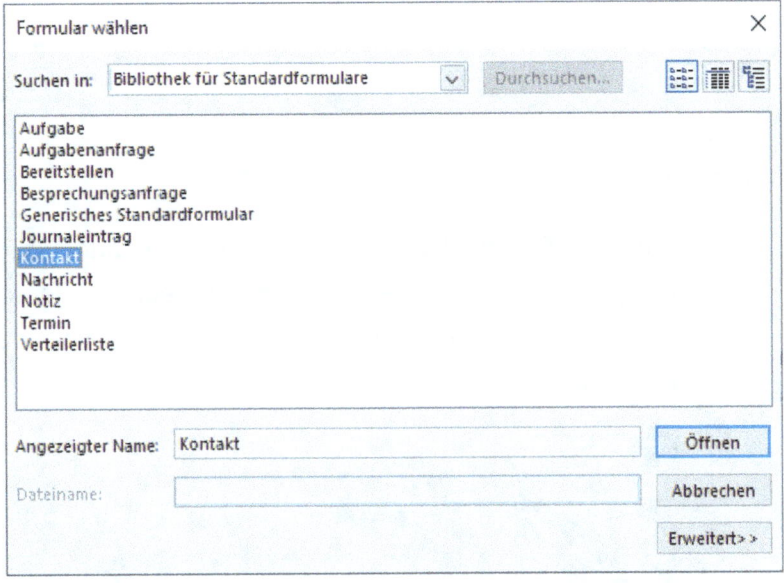

5. Klicken Sie dem neu geöffneten Fenster auf „Entwicklertools", dann auf „Veröffentlichen" -> „Formular veröffentlichen unter". Geben Sie dem neuen Formular einen Namen und klicken Sie auf "Veröffentlichen".

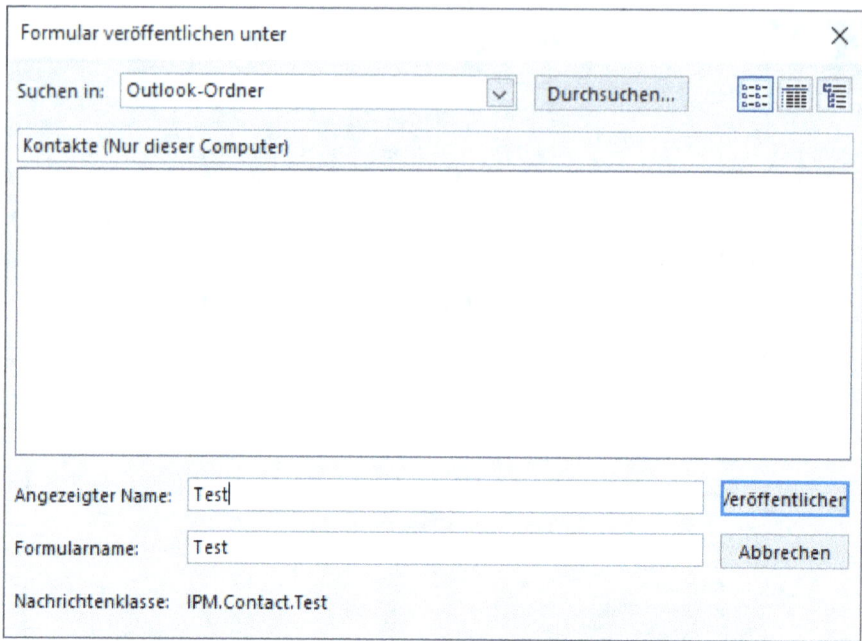

6 Das neue Formular wird geöffnet und Sie können es im
   Designmodus bearbeiten. Sie können Steuerelemente
   hinzufügen, entfernen oder ändern und das Layout des
   Formulars anpassen.

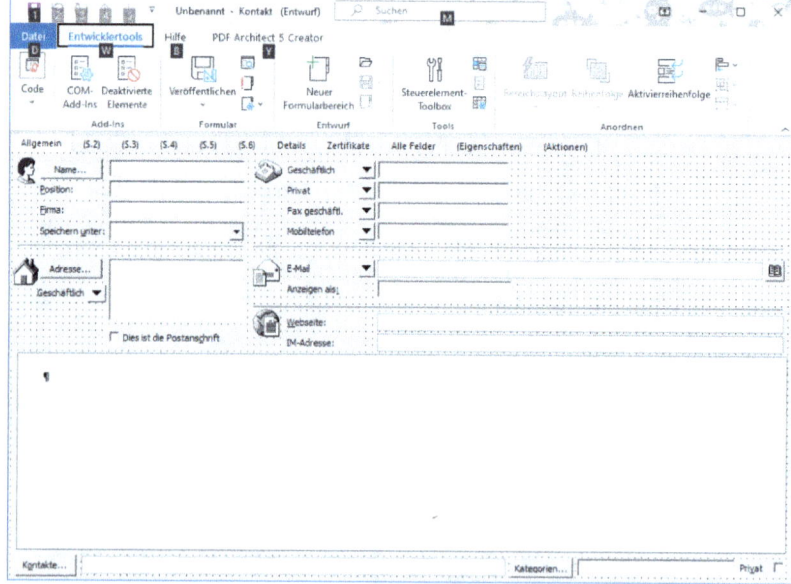

7. Speichern Sie das Formular, indem Sie auf "Speichern" in der Symbolleiste oder im Menü "Datei" klicken.

Sobald Sie das Formular erstellt haben, können Sie es verwenden, um neue Elemente zu erstellen oder vorhandene Elemente zu bearbeiten. Sie können es auch als Standardformular für einen bestimmten Ordner festlegen oder es anderen Personen zur Verfügung stellen.
Die Verwendung von VBA in Verbindung mit Outlook-Formularen bietet insgesamt die Möglichkeit, die Interaktion mit dem Programm zu automatisieren und zu optimieren und die Benutzerfreundlichkeit zu erhöhen. Es ist jedoch wichtig, dass der Code korrekt geschrieben und getestet wird, um Fehler zu vermeiden.

Kontaktformular mit VBA erstellen

Um ein Kontaktformular mit VBA in Outlook zu erstellen, fügen Sie den unten angegebenen Code "ContactItem" hinzu. Diese Methode erstellt ein neues Kontaktformular, das man dann mit den gewünschten Eigenschaften ausfüllen kann.

```
Sub CreateContact()

    Dim olContact As Outlook.ContactItem

    Set olContact = Application.CreateItem(olContactItem)


    With olContact

        .FullName = "Max Mustermann"

        .BusinessTelephoneNumber = "0123456789"

        .Email1Address = "max.mustermann@example.com"

        .JobTitle = "Projektmanager"

        .CompanyName = "Musterfirma GmbH"

        .Categories = "Kunden"

        .Save

    End With


    Set olContact = Nothing

End Sub
```

Das Skript erstellt ein neues Kontakt-Element mit den angegebenen Informationen und weist es der Kategorie "Kunden" zu. Beachten Sie, dass der Begriff "Kunden" bereits als Kategorie vorhanden sein sollte, damit es funktioniert. Wenn Sie eine andere Kategorie verwenden möchten, müssten Sie diesie vorher erstellen oder die Codezeile auskommentieren.

Aufgabenformular mit VBA

Um ein Aufgabenformular mit VBA in Outlook zu erstellen, fügen Sie den unten angegebenen Code "Tasks" ein. Dies erstellt eine neue Aufgabe und gibt ein TaskItem-Objekt zurück, das Sie verwenden können, um die Eigenschaften der Aufgabe zu ändern.

Hier ist ein Beispiel für den Code, der verwendet werden kann, um eine Aufgabe mit einem bestimmten Betreff und einer bestimmten Beschreibung zu erstellen:

```
Sub CreateTask()

    Dim myTask As TaskItem

    Set myTask = Application.CreateItem(olTaskItem)

    myTask.Subject = "Erledigen Sie diese Aufgabe"

    myTask.Body = "Dies ist die Beschreibung der Aufgabe"

    myTask.Save

End Sub
```

Sie können auch die Eigenschaften der Aufgabe wie Start- und Fälligkeitsdatum, Priorität und Erinnerungen festlegen, indem Sie die entsprechenden Eigenschaften des TaskItem-Objekts festlegen. Um das Aufgabenformular anzuzeigen, können Sie die Methode "Display" des TaskItem-Objekts aufrufen.
myTask.Display
Alternativ kann ein bereits in Outlook vorhandenes Formular erstellt und gestaltet und dann mit VBA angepasst werden. Dazu kann die Methode "UserProperties.Add" verwendet werden, um benutzerdefinierte Felder hinzuzufügen, und die Methode "FormDescription.Publish", um das Formular zu veröffentlichen. Hier ein Beispiel für die Verwendung der Methode UserProperties.Add in Outlook VBA

```
Dim myItem As Outlook.MailItem

Set myItem = Application.CreateItem(olMailItem)


 Hinzufügen einer benutzerdefinierten Eigenschaft zur Mitteilung

myItem.UserProperties.Add "MyCustomProperty", olText, True, olSortAscending

myItem.UserProperties("MyCustomProperty").Value = "This is the value of my custom property"
```

Das Beispiel erstellt ein neues E-Mail-Element und fügt eine benutzerdefinierte Eigenschaft mit dem Namen "MyCustomProperty" hinzu. Der Typ der Eigenschaft ist "olText", sie wird als "True" markiert und in aufsteigender Reihenfolge sortiert. Der Wert der Eigenschaft wird auf "This is the value of my custom property" gesetzt.

Erstellen von Benachrichtigungen und Erinnerungen mit VBA in Outlook

Die Erstellung von Benachrichtigungen und Erinnerungen mit VBA in Outlook ist eine leistungsstarke Methode, um sicherzustellen, dass wichtige Aufgaben und Termine nicht vergessen werden. Durch die Verwendung von VBA können Benutzer automatische Erinnerungen erstellen, die zu bestimmten Zeiten oder bei bestimmten Ereignissen ausgelöst werden.

Automatsche Erinnerung erstellen

Ein Beispiel für die Erstellung einer Erinnerung mit VBA in Outlook wäre die Erstellung eines Makros, das eine Benachrichtigung auslöst, wenn eine E-Mail mit dem Betreff "Wichtig" eingeht. Das Makro könnte folgendermaßen aussehen.

```vba
Sub CreateReminder()

    Dim myOlApp As Outlook.Application

    Dim myNameSpace As Outlook.NameSpace

    Dim myInbox As Outlook.MAPIFolder

    Dim myItems As Outlook.Items

    Dim myItem As Object


    ' Outlook-Objekte einrichten

    Set myOlApp = Outlook.Application

    Set myNameSpace = myOlApp.GetNamespace("MAPI")

    Set myInbox = myNameSpace.GetDefaultFolder(olFolderInbox)

    Set myItems = myInbox.Items


    ' Schleife durch die Elemente im Posteingang

    For Each myItem In myItems

        If myItem.Subject = "Wichtig" Then

            myItem.ReminderSet = True

            myItem.ReminderTime = Now + 15

        End If

    Next myItem


    'Aufräumen

    Set myOlApp = Nothing

    Set myNameSpace = Nothing

    Set myInbox = Nothing

    Set myItems = Nothing

    Set myItem = Nothing

End Sub
```

Das Makro geht alle E-Mails im Posteingang durch und prüft den Betreff jeder E-Mail. Wenn der Betreff "Wichtig" ist, wird die Eigenschaft "ReminderSet" auf "True" und die Eigenschaft "ReminderTime" auf 15 Minuten in der Zukunft gesetzt. Das bedeutet, dass eine Erinnerung für diese E-Mail in 15 Minuten ausgelöst wird.

Automatische Benachrichtigung

Ein weiteres Beispiel wäre die Erstellung eines Makros, das eine Benachrichtigung auslöst, wenn ein bestimmter Termin im Kalender ansteht. Das Makro könnte folgendermaßen aussehen

```vba
Sub CreateAppointmentReminder()

    Dim myOlApp As Outlook.Application

    Dim myNameSpace As Outlook.NameSpace

    Dim myCalendar As Outlook.MAPIFolder

    Dim myItems As Outlook.Items

    Dim myItem As Object


    'Outlook-Objekte einrichten

    Set myOlApp = Outlook.Application

    Set myNameSpace = myOlApp.GetNamespace("MAPI")

    Set myCalendar = myNameSpace.GetDefaultFolder(olFolderCalendar)

    Set myItems = myCalendar.Items


    ' Schleife durch die Einträge im Kalender

    For Each myItem In myItems

        If myItem.Start = Date + 1 And myItem.Subject = "Team Meeting" Then

            myItem.ReminderSet = True

            myItem.ReminderTime = myItem.Start - 30

        End If

    Next myItem


    'Aufräumen

    Set myOlApp = Nothing

    Set myNameSpace = Nothing

    Set myCalendar = Nothing

    Set myItems = Nothing

    Set myItem = Nothing

End Sub
```

Das Makro durchläuft alle Kalendereinträge und prüft die Startzeit und den Betreff jedes Eintrags. Wenn die Startzeit morgen ist und der Betreff "Team Meeting" lautet, wird die Eigenschaft "ReminderSet" auf "True" und die Eigenschaft "ReminderTime" auf 30 Minuten vor der Startzeit gesetzt.

Das bedeutet, dass eine Erinnerung für diesen Eintrag 30 Minuten vor der Startzeit ausgelöst wird.

Grundsätzlich ist die Erstellung von Benachrichtigungen und Erinnerungen mit VBA in Outlook eine leistungsfähige Methode, um sicherzustellen, dass wichtige Aufgaben und Termine nicht vergessen werden. Allerdings sind Kenntnisse der VBA-Programmierung, des Outlook-Objektmodells und die Verwendung geeigneter Tools und Techniken erforderlich, um erfolgreich Benachrichtigungen und Erinnerungen mit VBA in Outlook zu erstellen und Fehler zu vermeiden.

Arbeiten mit Kontakten, Kalendereinträgen und Aufgaben in Outlook mit VBA

Die Arbeit mit Outlook-Kontakten, -Kalendereinträgen und -Aufgaben mithilfe von VBA ist eine leistungsstarke Methode, um Zeit und Aufwand zu sparen und die Produktivität zu steigern. Durch die Verwendung von VBA können Benutzer automatisierte Prozesse erstellen, die Daten aus Outlook-Kontakten, -Kalendereinträgen und -Aufgaben verarbeiten und verwenden.

Beispiel: E-Mail-Adressen in eine CSV-Datei exportieren

Ein Beispiel für die Verarbeitung von Kontakten mit VBA in Outlook wäre die Erstellung eines Makros, das alle Kontakte durchläuft und ihre E-Mail-Adressen in eine CSV-Datei exportiert. Das Makro könnte folgendermaßen aussehen:

```vba
Sub ExportContacts()
    Dim myOlApp As Outlook.Application
    Dim myNameSpace As Outlook.NameSpace
    Dim myContacts As Outlook.MAPIFolder
    Dim myItems As Outlook.Items
    Dim myItem As Object
    Dim objFSO As Object
    Dim objFile As Object
    Dim strFile As String

    'Outlook-Objekte einrichten
    Set myOlApp = Outlook.Application
    Set myNameSpace = myOlApp.GetNamespace("MAPI")
    Set myContacts =
myNameSpace.GetDefaultFolder(olFolderContacts)
    Set myItems = myContacts.Items

'Erstellen der Datei

Set objFSO = CreateObject("Scripting.FileSystemObject")
strFile = "C:\Contacts.csv"
'Bitte beachten Sie, dass das Skript unter Umständen keine
Berichtigung (Als Admin ausführen) enthält. Sie müssen den Pfad
anpassen.
Set objFile = objFSO.OpenTextFile(strFile, 8, True)

'Durchlaufen der Kontakte und schreiben der E-Mail-Adressen in die
Datei
For Each myItem In myItems
    If myItem.Class = olContact Then
        objFile.WriteLine (myItem.Email1Address)
    End If
Next myItem

' Die Datei schließen
```

```
objFile.Close

' Aufräumen
Set myOlApp = Nothing
Set myNameSpace = Nothing
Set myContacts = Nothing
Set myItems = Nothing
Set myItem = Nothing
Set objFSO = Nothing
Set objFile = Nothing
End Sub
```

Das Makro durchläuft alle Kontakte im Ordner "Kontakte" und
schreibt die E-Mail-Adressen jedes Kontakts in die CSV-Datei
"C:\Contacts.csv". Bitte beachten Sie das Sie Contacts.csv vorher als
leere Datei anlegen müssen, also in unserem Beispiel auf „C:\"

Beispiel: Termine aus Outlook in Excel

Ein weiteres Beispiel wäre die Erstellung eines Makros, das alle
Kalendereinträge durchläuft und die Einträge, die in der nächsten
Woche stattfinden, in eine Excel-Tabelle exportiert. Das Makro
könnte folgendermaßen aussehen:

```
Sub ExportCalendar()
    Dim myOlApp As Outlook.Application
    Dim myNameSpace As Outlook.NameSpace
    Dim myCalendar As Outlook.MAPIFolder
    Dim myItems As Outlook.Items
    Dim myItem As Object
    Dim objExcel As Object
    Dim objWorkbook As Object
    Dim objWorksheet As Object
    Dim intRow As Integer
    'Outlook-Objekte einrichten
 Set myOlApp = Outlook.Application
```

```vba
Set myNameSpace = myOlApp.GetNamespace("MAPI")
Set myCalendar =
myNameSpace.GetDefaultFolder(olFolderCalendar)
Set myItems = myCalendar.Items

' Erstellen der Excel-Objekte
Set objExcel = CreateObject("Excel.Application")
objExcel.Visible = True
Set objWorkbook = objExcel.Workbooks.Add
Set objWorksheet = objWorkbook.Worksheets(1)

' Das Arbeitsblatt einrichten
objWorksheet.Cells(1, 1) = "Subject"
objWorksheet.Cells(1, 2) = "Start Time"
objWorksheet.Cells(1, 3) = "End Time"
objWorksheet.Cells(1, 4) = "Location"
intRow = 2

'Schleife durch die Kalendereinträge
For Each myItem In myItems
    If myItem.Start >= Date And myItem.Start <= Date + 7 Then
        objWorksheet.Cells(intRow, 1) = myItem.Subject
        objWorksheet.Cells(intRow, 2) = myItem.Start
        objWorksheet.Cells(intRow, 3) = myItem.End
        objWorksheet.Cells(intRow, 4) = myItem.Location
        intRow = intRow + 1
    End If
Next myItem

'Aufräumen
Set myOlApp = Nothing
Set myNameSpace = Nothing
Set myCalendar = Nothing
Set myItems = Nothing
Set myItem = Nothing
Set objExcel = Nothing
```

```
Set objWorkbook = Nothing
Set objWorksheet = Nothing
 End Sub
```
Das Makro durchläuft alle Kalendereinträge und prüft, ob die Startzeit innerhalb der nächsten Woche liegt. Wenn dies der Fall ist, werden die Informationen des Eintrags (Betreff, Startzeit, Endzeit und Ort) in die erste leere Zeile einer Excel-Tabelle geschrieben.

Insgesamt ist die Arbeit mit Kontakten, Kalendereinträgen und Aufgaben in Outlook mithilfe von VBA eine leistungsstarke Methode, um Zeit und Aufwand zu sparen und die Produktivität zu steigern. Allerdings sind Kenntnisse der VBA-Programmierung, des Outlook-Objektmodells und die Verwendung geeigneter Tools und Techniken erforderlich, um erfolgreich mit Kontakten, Kalendereinträgen und Aufgaben in Outlook zu arbeiten und Fehler zu vermeiden.

Beispiel Outlook-VBA-Makro zur Automatisierung einer Aufgabe

Ein Beispiel für ein Outlook-VBA-Makro zur Automatisierung einer Aufgabe könnte so aussehen:

```
Sub CreateTaskAutomatic()

'Deklaration der Variablen
Dim objTask As TaskItem
Dim objNameSpace As NameSpace

'Verbindung zu Outlook-Namensraum herstellen
Set objNameSpace = Application.GetNamespace("MAPI")

'Neue Aufgabe erstellen
```

```
Set objTask =
objNameSpace.GetDefaultFolder(olFolderTasks).Items.Add(olTaskIt
em)

'Aufgabeneigenschaften festlegen
With objTask
.Subject = "Erstelle ein neues Projekt"
.Body = "Bitte erstelle ein neues Projekt und setze eine Frist für die
Fertigstellung."
.DueDate = DateAdd("d", 7, Now)
.Importance = olImportanceHigh
.Save
End With

'Verbindung zu Outlook-Namensraum trennen
Set objNameSpace = Nothing

End Sub
```

Dieses Makro erstellt eine neue Aufgabe in dem Standardordner "Aufgaben" in Outlook. Die Aufgabeneigenschaften wie "Betreff", "Beschreibung", "Frist" und "Wichtigkeit" werden festgelegt. Mit dem Befehl "Save" wird die Aufgabe dann gespeichert. Sie können die unter Outlook Aufgaben einsehen.

Erweiterte Techniken für die VBA-Programmierung in Outlook

Zu den fortgeschrittenen VBA-Programmiertechniken in Outlook gehören die Verwendung von Schleifen, bedingten Anweisungen, Variablen und Arrays zur Automatisierung komplexer Prozesse und Abläufe. Sie können auch Funktionen und Unterprozeduren verwenden, um Code wiederverwendbar zu machen und die Lesbarkeit des Codes zu verbessern.

Schleifen in der VBA-Programmierung

Nachrichten sortieren

```
Sub MoveEmailsRead()
    Dim myOlApp As Outlook.Application
    Dim myNameSpace As Outlook.NameSpace
    Dim myInbox As Outlook.MAPIFolder
    Dim myDestination As Outlook.MAPIFolder
    Dim myItems As Outlook.Items
    Dim myItem As Object

    'Outlook-Objekte einrichten
    Set myOlApp = Outlook.Application
    Set myNameSpace = myOlApp.GetNamespace("MAPI")
    Set myInbox = myNameSpace.GetDefaultFolder(olFolderInbox)
    Set myDestination =
myNameSpace.GetDefaultFolder(olFolderSentMail)
    Set myItems = myInbox.Items

    'Schleife durch die Objekte im Posteingang
    For Each myItem In myItems
        If myItem.Class = olMail And myItem.UnRead Then
            myItem.UnRead = False
            myItem.Move myDestination
        End If
    Next myItem

    'Aufräumen
    Set myOlApp = Nothing
    Set myNameSpace = Nothing
    Set myInbox = Nothing
    Set myDestination = Nothing
    Set myItems = Nothing
    Set myItem = Nothing
```

End Sub

Dieses Skript durchläuft alle ungelesenen E-Mails im Posteingang, setzt den Status auf "Gelesen" und verschiebt sie in den Ordner "Gesendete Objekte". Sie können die Schleifenbedingung an Ihre Bedürfnisse anpassen, indem Sie z.B. nach bestimmten Absendern oder Betreffzeilen filtern oder andere Aktionen ausführen, z.B. das Antworten auf E-Mails oder das Erstellen von Aufgaben aus E-Mails.

E-Mails automatisch versenden

Ein weiteres Beispiel für fortgeschrittene Techniken ist die Verwendung von Variablen und Arrays (Sammlung von Werten), um Daten zu speichern und zu verarbeiten. Beispielsweise könnte ein Makro geschrieben werden, das eine Liste von E-Mail-Adressen aus einer Excel-Datei liest und diese dann verwendet, um automatisch E-Mails an diese Adressen zu versenden. Das Makro könnte folgendermaßen aussehen:

Das Makro öffnet die Excel-Datei "C:\EmailList.xlsx", liest die E-Mail-Adressen in ein Array ein und versendet dann automatisch E-Mails an die Adressen in diesem Array.

```
Sub SendBulkEmails()
    Dim myOlApp As Outlook.Application
    Dim myNameSpace As Outlook.NameSpace
    Dim myInbox As Outlook.MAPIFolder
    Dim myItem As Outlook.MailItem
    Dim objExcel As Object
    Dim objWorkbook As Object
    Dim objWorksheet As Object
    Dim arrRecipients() As String
    Dim i As Integer

    'Outlook-Objekte einrichten
    Set myOlApp = Outlook.Application
```

```vba
Set myNameSpace = myOlApp.GetNamespace("MAPI")
Set myInbox = myNameSpace.GetDefaultFolder(olFolderInbox)

    'Excel Datei öffnen
Set objExcel = CreateObject("Excel.Application")
Set objWorkbook = objExcel.Workbooks.Open("C:\ EmailList.xlsx")
Set objWorksheet = objWorkbook.Worksheets(1)
'Lesen Sie die E-Mail-Adressen in ein Feld ein
i = 1
Do Until objWorksheet.Cells(i, 1).Value = ""
    ReDim Preserve arrRecipients(i - 1)
    arrRecipients(i - 1) = objWorksheet.Cells(i, 1).Value
    i = i + 1
Loop

'Schleife durch das Datenfeld und Senden der E-Mails
For i = 0 To UBound(arrRecipients)
    Set myItem = myInbox.Items.Add("IPM.Note")    myItem.Subject
= " Serien-E-Mail "
    myItem.To = arrRecipients(i)
    myItem.Body = " Dies ist eine Serien-E-Mail, die mit VBA in
Outlook gesendet wurde."
    myItem.Send
Next i

'Lesen Sie die E-Mail-Adressen in ein Array ein
i = 1
Do Until objWorksheet.Cells(i, 1).Value = ""
    ReDim Preserve arrRecipients(i - 1)
    arrRecipients(i - 1) = objWorksheet.Cells(i, 1).Value
    i = i + 1
Loop

'Schleife durch das Feld und senden Sie die Emails
For i = 0 To UBound(arrRecipients)
    Set myItem = myInbox.Items.Add("IPM.Note")
```

```vba
    myItem.Subject = " Serien-E-Mail "
    myItem.To = arrRecipients(i)
    myItem.Body = " Dies ist eine Serien-E-Mail, die mit VBA in
Outlook gesendet wurde."
    myItem.Send
Next i

'Aufräumen
objWorkbook.Close
objExcel.Quit
Set objExcel = Nothing
Set objWorkbook = Nothing
Set objWorksheet = Nothing
Set myOlApp = Nothing
Set myNameSpace = Nothing
Set myInbox = Nothing
Set myItem = Nothing
End Sub
```

Fehlerbehandlung und Debugging von Outlook-VBA-Makros

Die Fehlerbehandlung und das Debugging von Outlook-VBA-Makros ist ein wichtiger Bestandteil der VBA-Programmierung in Outlook. Fehler können aufgrund von Syntaxfehlern, ungültigen Eingaben oder Problemen bei der Verwendung von Outlook-Objekten auftreten. Eine gründliche Fehlerbehandlung und das Debugging Ihrer Makros können dazu beitragen, dass Ihre Makros stabil und zuverlässig laufen.

Eine Möglichkeit der Fehlerbehandlung ist die Verwendung von "On Error"-Anweisungen, um die Ausführung des Makros fortzusetzen, wenn ein Fehler auftritt. Eine einfache Form der Fehlerbehandlung ist die Verwendung der Anweisung "On Error Resume Next", die die Ausführung des Makros auch dann fortsetzt, wenn ein Fehler auftritt. Es ist jedoch zu beachten, dass dadurch die Fehlerursache nicht identifiziert werden kann und das Makro unerwartetes Verhalten zeigen kann.

Eine weitere Möglichkeit der Fehlerbehandlung ist die Verwendung von If-Then-Anweisungen, um bestimmte Bedingungen zu prüfen und entsprechende Aktionen auszuführen.

```
Sub Example()

On Error GoTo ErrorHandler

Code, der einen Fehler verursachen kann

Exit Sub


ErrorHandler:

If Err.Number = 1004 Then

MsgBox "Error: " & Err.Number & " - " & Err.Description & ". Bitte prüfen Sie, ob die angegebene
Datei existiert."

Else

MsgBox "Error: " & Err.Number & " - " & Err.Description

End If

End Sub
```

In diesem Beispiel wird das Makro im Fehlerfall an die
"ErrorHandler"-Routine übergeben. Innerhalb der Routine wird die
Struktur "Err" verwendet, um die Fehlernummer und die
Fehlerbeschreibung zu erhalten und die entsprechenden Aktionen
auszuführen.

Eine weitere Möglichkeit der Fehlerbehandlung ist das Debugging
Ihrer Makros. Debugging ermöglicht es Ihnen, den Code Schritt für
Schritt auszuführen und die Werte von Variablen und Eigenschaften
während der Ausführung zu überprüfen. Outlook bietet eine
integrierte Debugging-Umgebung, mit der Sie Breakpoints setzen,
Variablenwerte überprüfen und den Code Schritt für Schritt
ausführen können.

Es ist wichtig zu beachten, dass Fehlerbehandlung und Debugging
einige Zeit in Anspruch nehmen können und dass es manchmal
schwierig sein kann, die Ursache eines Fehlers zu identifizieren. Es
ist jedoch wichtig, diese Schritte durchzuführen, um sicherzustellen,
dass Ihre Makros stabil und zuverlässig ausgeführt werden, und um
potenzielle Probleme zu erkennen und zu beheben, bevor sie zu
größeren Problemen führen.

Outlook VBA Skripte als Icon in der Multifunktionsleiste

Das Hinzufügen von Outlook VBA-Skripten als Symbole in der Multifunktionsleiste (Ribbon) ermöglicht es Ihnen, häufig verwendete Makros schnell und einfach zu starten. Hier sind die Schritte, um dies zu tun:

1. Öffnen Sie Outlook und klicken Sie auf "Datei" > "Optionen" > "Menüband anpassen".
2. Wählen Sie im Dropdown-Menü "Hauptregisterkarten" die Registerkarte aus, in der Sie das Symbol platzieren möchten (z.B. "Start").
3. Klicken Sie auf "Neue Gruppe" und dann auf " Umbenennen " geben Sie einen Namen ein.
4. Wählen Sie dann ein Symbol aus und bestätigen Sie den Vorgang mit "OK".
5. Unter "Befehle auswählen" wählen Sie "Makros".
6. Wählen Sie das Skript aus, das Sie hinzufügen möchten, und klicken Sie auf "OK".
7. Wählen „Umbenennen", um ein Symbol auszuwählen und geben Sie eine Beschreibung ein.
8. Klicken Sie auf "OK", um das Symbol in der Multifunktionsleiste hinzuzufügen.

Sie können auch die Position des Symbols in der Gruppe ändern, indem Sie es einfach verschieben. Nun können Sie das Symbol in der Multifunktionsleiste verwenden, um das Skript schnell auszuführen.

Liste der Outlook der wichtigsten VBA Befehle mit Erklärung

- ✓ **Application.CreateItem(olMailItem)** - Erstellt ein neues E-Mail-Element.
- ✓ **Item.Send** - Sendet das aktuelle Element (z.B. E-Mail, Aufgabe, Kontakt usw.).
- ✓ **Item.Display** - Öffnet das aktuelle Element zur Anzeige.
- ✓ **Item.Delete** - Löscht das aktuelle Element.
- ✓ **Item.Move(Destination)** - Verschiebt das aktuelle Element in einen anderen Ordner.
- ✓ **Folder.Items** - Gibt eine Sammlung aller Elemente im aktuellen Ordner zurück.
- ✓ **Item.Attachments** - Gibt eine Sammlung aller Anhänge des aktuellen Elements zurück.
- ✓ **Attachment.SaveAsFile(Path)** - Speichert den aktuellen Anhang an einem bestimmten Pfad.
- ✓ **Item.Subject** - Gibt den Betreff des aktuellen Elements zurück.
- ✓ **Item.Body** - Gibt den Inhalt des aktuellen Elements zurück.
- ✓ **Item.Recipients** - Gibt eine Sammlung aller Empfänger des aktuellen Elements zurück.
- ✓ **Recipient.Resolve** - Überprüft, ob der aktuelle Empfänger gültig ist.
- ✓ **Application.Session.PickFolder** - Lässt den Benutzer einen Ordner auswählen.
- ✓ **Application.ActiveExplorer.Selection** - Gibt eine Sammlung aller ausgewählten Elemente zurück.
- ✓ **Application.AdvancedSearch(Scope, Filter , SearchSubFolders, Tag)** - Führt eine erweiterte Suche durch.

- ✓ **Application.Session.Accounts** - Gibt eine Sammlung aller Konten in Outlook zurück.
- ✓ **Account.DeliveryStore** - Gibt den Posteingang für das aktuelle Konto zurück.
- ✓ **Store.GetDefaultFolder(FolderType)** - Gibt einen bestimmten Standardordner für den aktuellen Speicher zurück.
- ✓ **Calendar.GetNextOccurrence(Start)** - Gibt das nächste Ereignis im Kalender zurück, das nach dem angegebenen Startdatum stattfindet.
- ✓ **Application.Session.CurrentUser** - Gibt den aktuellen Benutzer in Outlook zurück.
- ✓ **Application.Session.Logon** - Meldet sich bei Outlook an.
- ✓ **Application.Session.Logoff** - Meldet sich von Outlook ab.
- ✓ **Application.Quit** - Beendet die Outlook-Anwendung.
- ✓ **On Error Resume Next** - Dieser Befehl verhindert, dass die Ausführung des Codes gestoppt wird, wenn ein Fehler auftritt und ermöglicht es dem Code, weiterhin ausgeführt zu werden.
- ✓ **On Error GoTo 0** - Mit diesem Befehl werden die Fehlerbehandlungsregeln wieder auf die Standardeinstellungen zurückgesetzt.

Es gibt viele weitere Befehle und Methoden, die in Outlook VBA verfügbar sind und die für bestimmte Aufgaben oder Anforderungen verwendet werden können. Es ist wichtig, sich mit der Dokumentation von Outlook und dem Object Model Reference von Microsoft vertraut zu machen, um alle verfügbaren Befehle und Methoden zu erfahren und zu lernen, wie man sie verwendet.

XML-basierte Dateien, ActiveX

XML (Extensible Markup Language) ist eine standardisierte Sprache zur Beschreibung von Daten, die in vielen Anwendungen und Plattformen, einschließlich Outlook, verwendet wird. XML-basierte Dateien können in Outlook verwendet werden, um Daten wie E-Mails, Kontakte, Kalendereinträge und Aufgaben zu speichern und auszutauschen. Outlook unterstützt den Import und Export von Daten im XML-Format, so dass Sie Daten problemlos in andere Anwendungen oder Plattformen importieren oder exportieren können.

Ein Anwendungsbeispiel für XML in Outlook VBA ist die Erstellung einer Nachricht, die eine XML-Datei als Anhang enthält. Hier ist ein Beispiel, wie dies mit VBA gemacht werden kann:

Beispiel XML-Datei als Anhang

Wir verwenden in diesem Beispiel das Outlook-Objekt, um ein neues E-Mail-Objekt zu erstellen. Anschließend fügen wir den Empfänger, den Betreff und die Nachricht hinzu und verwenden die Attachments.Add-Methode, um die XML-Datei an die Nachricht anzuhängen. Abschließend senden wir die Nachricht mit der Methode Send und löschen die verwendeten Objekte.

ActiveX ist eine Technologie von Microsoft, die es ermöglicht, interaktive Inhalte und Anwendungen in Webseiten und Anwendungen zu integrieren. In Outlook können ActiveX-Steuerelemente verwendet werden, um zusätzliche Funktionen und Anwendungen zur Verfügung zu stellen. Mögliche ActiveX-Steuerelemente in Outlook sind zum Beispiel Kalendersteuerelemente, Kontaktlistensteuerelemente und Schaltflächensteuerelemente. Es sollte beachtet werden, dass ActiveX-Steuerelemente potenziell unsicher sein können und daher sorgfältig ausgewählt und verwaltet werden sollten.

```vba
Sub SendXML()

' Erstellen des Outlook-Objekts
Dim objOutlook As Outlook.Application
Set objOutlook = New Outlook.Application

' Erstellen der Nachricht
Dim objMail As Outlook.MailItem
Set objMail = objOutlook.CreateItem(olMailItem)

' Einrichten der Empfänger, Betreff und Nachricht
objMail.Recipients.Add "empfänger@email.com"
objMail.Subject = "XML-Datei als Anhang"
objMail.Body = "Hallo, hier ist die angeforderte XML-Datei als Anhang."

' Anhängen der XML-Datei
Dim objAttachment As Outlook.Attachment
Set objAttachment = objMail.Attachments.Add("C:\Dateien\example.xml")

' Senden der Nachricht
objMail.Send

' Aufräumen
Set objOutlook = Nothing
Set objMail = Nothing
Set objAttachment = Nothing

End Sub
```

Beispiel für die Erstellung einer ActiveX-Schaltfläche in Outlook VBA:

1. Öffnen Sie Outlook und wählen Sie die Registerkarte "Entwicklertools" aus.
2. Wenn die Steuerelemente nicht verfügbar sind, können Sie diese in Outlook wie folgt aktivieren:
3. Klicken Sie auf "Datei" und dann auf "Optionen".
4. Klicken Sie auf "Menüband anpassen".
5. Wählen Sie unter "Hauptregisterkarten" die Option "Entwicklertools" und wählen Sie dann „Tools" aus.

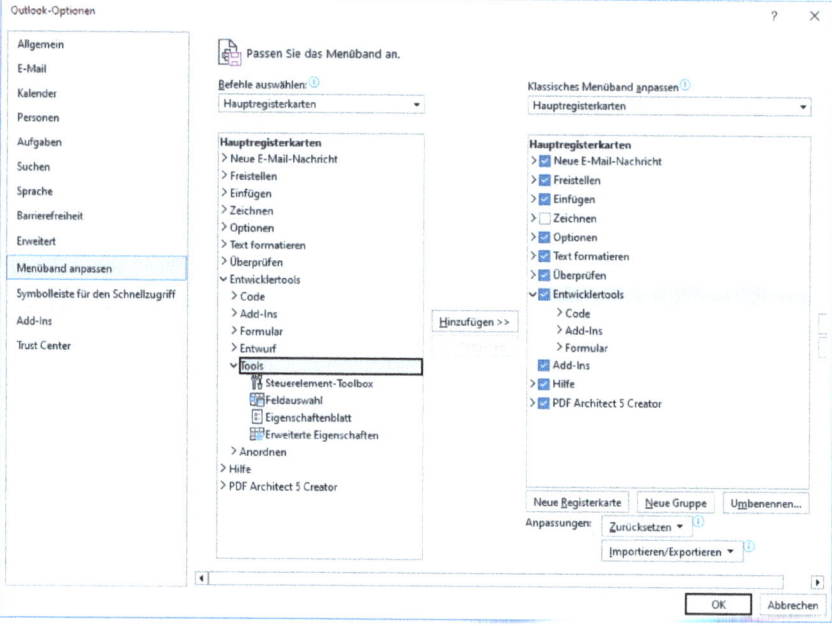

6. Klicken Sie auf "OK".
7. Jetzt sollten die Entwicklertools in der Multifunktionsleiste verfügbar sein, und Sie können ActiveX-Steuerelemente erstellen.
8. Öffnen Sie Outlook und erstellen Sie eine neue E-Mail.

9. Klicken Sie auf "Entwicklertools" im Menüband und dann auf „Diese Formular entwerfen".

10. Klicken Sie auf "Steuerelement-Toolbox"

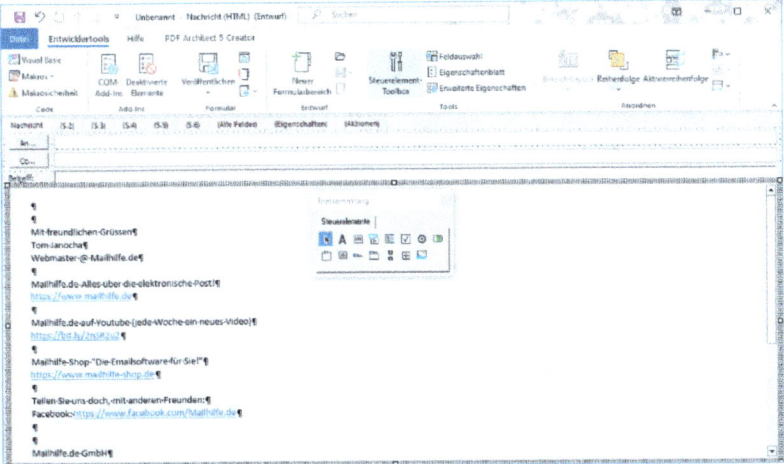

11. Wählen Sie unter "Weitere Steuerelemente" und wählen Sie die Schaltfläche aus.

12. Zeichnen Sie mit dem Cursor das Schaltflächenfeld in der E-Mail, wo Sie es haben möchten.

13. Ziehen Sie die Schaltfläche auf die Symbolleiste und passen Sie die Größe entsprechend an.

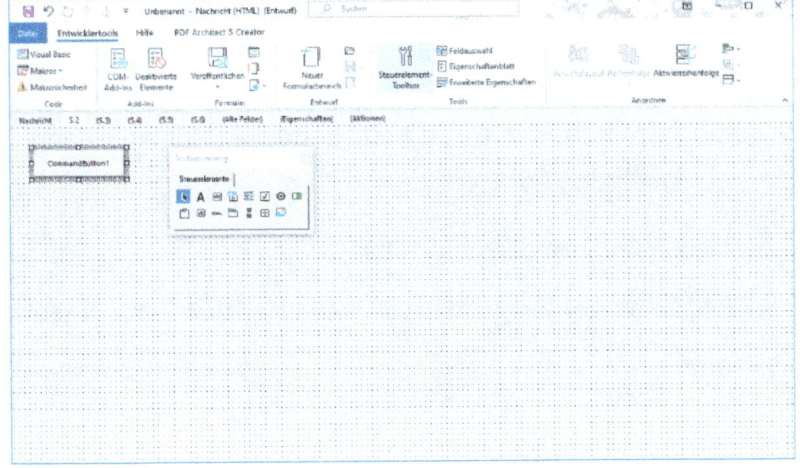

14. Klicken Sie mit der rechten Maustaste auf die Schaltfläche und wählen Sie "Eigenschaften" aus.

15. Geben Sie der Schaltfläche einen Namen und legen Sie eine Aktion fest, die ausgeführt werden soll, wenn die Schaltfläche ausgewählt wird.

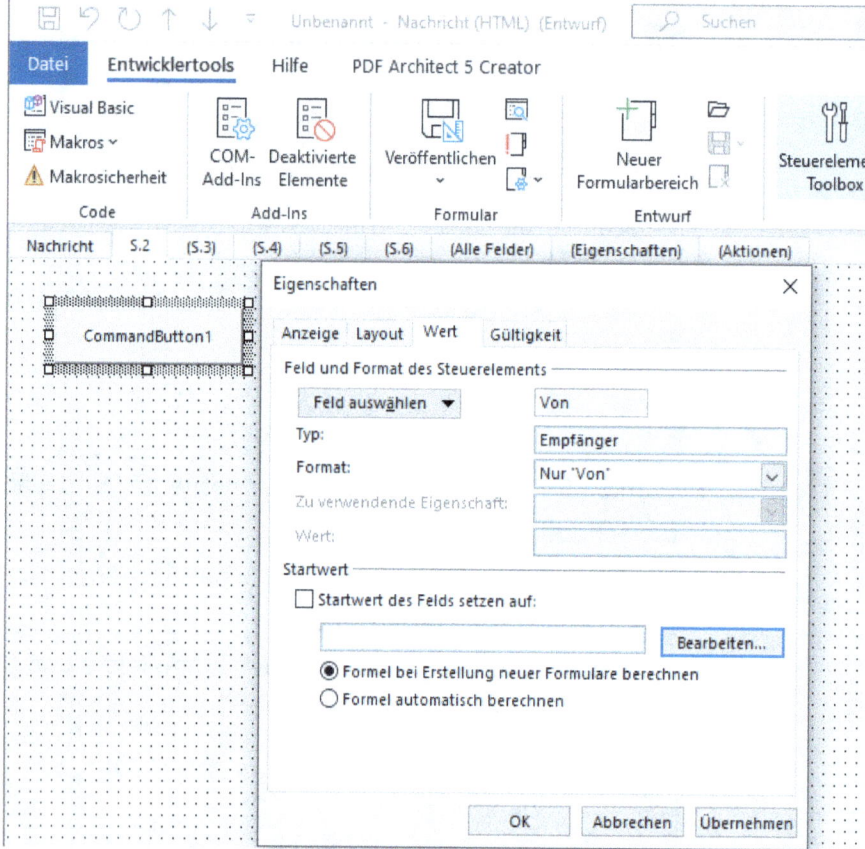

16. Öffnen Sie das Visual Basic-Editor und fügen Sie den folgenden Code hinzu:

```
Private Sub CommandButton1_Click()
'Aktion, die ausgeführt werden soll, wenn die Schaltfläche ausgewählt wird
End Sub
```

17. Speichern Sie das Makro und starten Sie Outlook neu, um die Änderungen zu übernehmen.

Im vorliegenden Beispiel wird eine benutzerdefinierte Schaltfläche erstellt, die eine bestimmte Aktion ausführt, wenn sie angeklickt wird. Der Entwickler hat die Möglichkeit, die auszuführenden Aktionen mit Hilfe des Visual Basic-Editors zu definieren.

GLOSSAR - Weitere wichtige Begriffe

Um in das Programmieren einsteigen zu können, sollten folgende Begriffe klar sein.

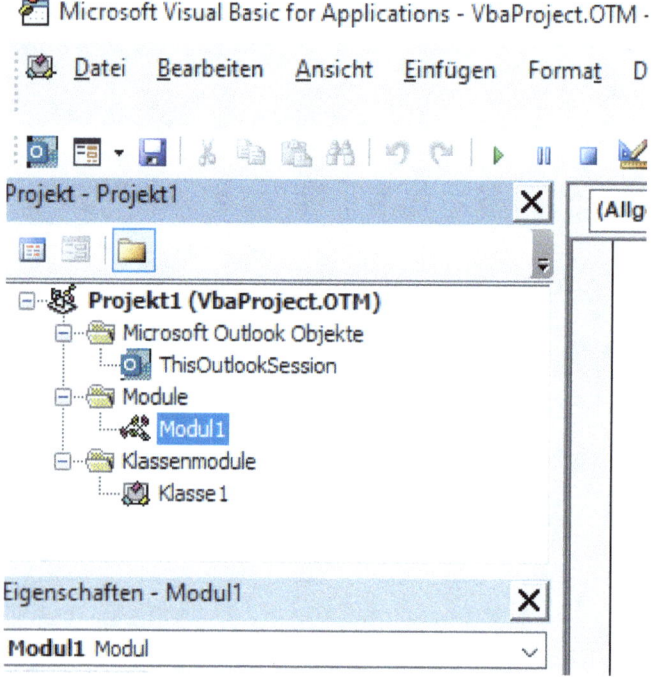

Was ist eine Prozedur in Outlook VBA?

Eine Prozedur (auch Routine oder Funktion genannt) ist ein Teil eines VBA-Programms (Visual Basic for Applications), das eine bestimmte Aufgabe ausführt. Prozeduren können aus einer Reihe von Anweisungen bestehen, die eine bestimmte Aktion ausführen, wie z. B. das Hinzufügen eines neuen E-Mail-Eintrags, das Überprüfen von Daten oder das Formatieren einer Tabelle. Sie können eine Prozedur aufrufen, indem Sie sie über eine Schaltfläche, ein Makro oder eine andere Prozedur aufrufen. Durch Prozeduren kann Code in kleine, wiederverwendbare Einheiten unterteilt werden, was die Wartbarkeit und Übersichtlichkeit des Codes verbessert.

Was ist ein Userform in Outlook VBA?

Userform ist ein grafisches Oberflächenelement in Outlook VBA, mit dem interaktive Dialoge und Eingabemasken erstellt werden können. Sie können zur Erfassung von Benutzerdaten, zur Steuerung automatisierter Prozesse oder zur Anzeige von Informationsfenstern oder Meldungen verwendet werden. Benutzerformulare können Steuerelemente wie Textfelder, Kombinationsfelder, Schaltflächen, Kontrollkästchen, Optionen und vieles mehr enthalten. Mit Hilfe von VBA können Sie die Funktionalität dieser Steuerelemente anpassen und programmieren, um sie an die Bedürfnisse Ihrer automatisierten Prozesse in Outlook anzupassen.

Was ist ein Modul?

Ein Modul ist ein Programmierkonstrukt in der Programmiersprache VBA, das zur Organisation und Strukturierung von Code und Variablen verwendet wird. Ein Modul besteht aus einer oder mehreren Prozeduren, die in einer bestimmten Reihenfolge aufgerufen werden können, um eine bestimmte Aufgabe auszuführen. Ein Modul kann auch Variablen enthalten, die innerhalb des Moduls definiert und verwendet werden, sowie Konstanten und Aufzählungen. Ein Modul kann auch von anderen Modulen oder Projekten aufgerufen werden.

Was ist ein Klassenmodul in Outlook VBA?

Ein Outlook VBA Klassenmodul ist ein spezielles VBA-Modul, das eigene Klassen definieren kann. Klassen sind Datentypen, die ihre eigenen Eigenschaften und Methoden definieren, mit denen Instanzen dieser Klasse (Objekte) erstellt und verwaltet werden können. Klassenmodule können verwendet werden, um komplexere Strukturen zu erstellen, die Daten und Funktionalität organisieren und wiederverwendbar machen. Beispielsweise kann eine Klasse benutzerdefinierte Eigenschaften wie eine E-Mail-Adresse oder eine Telefonnummer sowie Methoden wie eine Funktion zur Überprüfung der Gültigkeit einer E-Mail-Adresse enthalten. So kann ein Klassenmodul verwendet werden, um mehrere E-Mail-Adressen anzuzeigen und zu verwalten.

Was ist ein try-catch-Block

Ein try-catch-Block ist ein Konstrukt in der Programmierung, das verwendet wird, um Fehler zu erkennen und zu behandeln. Ein try-catch-Block besteht aus zwei Teilen:

Try-Block: In diesem Block wird der Code ausgeführt, der potenzielle Fehler verursachen kann.
Catch-Block: Wenn ein Fehler auftritt, wird der Code im Catch-Block ausgeführt.

Das Ziel eines try-catch-Blocks ist es, das Programm so zu schreiben, dass es trotz eines Fehlers nicht abstürzt, sondern stattdessen einen alternativen Pfad zum Fortfahren des Programms findet. Wenn ein Fehler im Try-Block auftritt, wird der Programmablauf an den Catch-Block übergeben, der den Fehler behandeln kann. Innerhalb des Catch-Blocks können Sie dann den Fehler analysieren und entsprechende Maßnahmen ergreifen, wie z.B. eine Benachrichtigung an den Benutzer senden oder den Benutzer bitten, den Fehler zu korrigieren.

Ein Beispiel für die Verwendung von try-catch-Blöcken in VBA:

```vba
Sub Example()

    On Error GoTo ErrorHandler

    ' Code, der potenzielle Fehler verursachen kann

    ' ...

    Exit Sub

ErrorHandler:

    MsgBox "Ein Fehler ist aufgetreten: " & Err.Description

End Sub
```

Outlook Erweiterungen

Outlook-Erweiterungen sind Anwendungen oder COM-Add-ins, die zusätzliche Funktionen und Werkzeuge in Outlook zur Verfügung stellen. Sie können in Form von Plug-Ins, Add-Ins oder Makros entwickelt werden und in verschiedenen Bereichen von Outlook wie E-Mail, Kalender, Kontakte und Aufgaben eingesetzt werden. Einige Beispiele für häufig verwendete Outlook-Erweiterungen sind

- ✓ E-Mail-Verwaltung: Erweiterungen, die Funktionen zur Verwaltung von E-Mail-Nachrichten bereitstellen, wie z. B. automatisches Sortieren von E-Mails in Ordner, automatisches Löschen von Spam und automatisches Beantworten von E-Mails.
- ✓ Kalender: Erweiterungen, die Funktionen zur Verwaltung von Kalendereinträgen bereitstellen, wie z.B. automatisches Einplanen von Terminen, Erinnerungen und Geburtstagserinnerungen.
- ✓ Kontaktverwaltung: Erweiterungen, die Funktionen zur Verwaltung von Kontakten bereitstellen, wie z.B. automatisches Anlegen von Gruppen, automatisches Zuweisen von Tags und automatisches Aktualisieren von Kontaktdaten.
- ✓ Aufgabenverwaltung: Erweiterungen, die Funktionen zur Verwaltung von Aufgaben bereitstellen, wie z.B. automatische Erstellung von Aufgaben, Erinnerungen und Fristen.

Outlook-Erweiterungen können entweder von Drittanbietern oder von Microsoft selbst entwickelt werden und können über das Internet oder den Microsoft Office Store heruntergeladen werden. Es ist wichtig, dass die Erweiterungen von vertrauenswürdigen Entwicklern stammen.

Auf unserer Webseite haben wir über 400 Outlook Erweiterungen zusammengestellt:

https://www.mailhilfe.de/downloads/microsoft-outlook-download-add-ons-und-addins

Ausblick und weitere Ressourcen zur VBA-Programmierung in Outlook

Die VBA-Programmierung in Outlook bietet viele Möglichkeiten, die Produktivität zu steigern und Zeit zu sparen, indem Aufgaben automatisiert werden. Es gibt jedoch noch viele Aspekte der VBA-Programmierung in Outlook, die erforscht und erlernt werden können.

Die E-Mail-Verarbeitung ist ein Bereich, in dem es noch viel Raum für Innovation gibt. So können beispielsweise Makros erstellt werden, die E-Mails nach bestimmten Kriterien wie Absender, Betreff oder Inhalt automatisch sortieren, kategorisieren oder archivieren.

Spannend ist auch die Verarbeitung von Kalendereinträgen. So können Sie z.B. Makros erstellen, die automatisch Einladungen an bestimmte Personen versenden, Zeit und Ort einer Besprechung ändern oder Erinnerungen für anstehende Termine erstellen.

Zum Erlernen und Anwenden der VBA-Programmierung in Outlook gibt es zahlreiche Ressourcen, z.B. Online-Tutorials, Bücher und Foren. Es ist auch hilfreich, die Dokumentation von Microsoft und die Hilfefunktion von Outlook zu verwenden, um mehr über die verfügbaren Outlook-Objekte und -Eigenschaften zu erfahren.

Die auf Mailhilfe.de veröffentlichten VBA-Skripte sind ein Beispiel dafür:

https://www.mailhilfe.de/outlook-vba

Weiterhin können bei uns Fragen zu Outlook VBA gestellt werden:

https://is.gd/Hj1nnf

Haftungsausschluss

Impressum

Mailhilfe.de GmbH
Bei der Pulvermühle 8
22453 Hamburg
Eintragung im Handelsregister.
Registergericht: Hamburg
Registernummer: HR B 122322
Umsatzsteuer-Identifikationsnummer gemäß §27 a Umsatzsteuergesetz:
DE282737241